Contenido

Introducción 1
Fe: El ingrediente que no debe faltar. 8
Familia: Donde la vida se construye en equipo 21
Dinero: Un vehículo, nunca un destino 33
Profesión: El tren de los sueños 54
Relaciones: Aprendiendo a hacer felices a los demás 63
Iglesia: La gran familia de Dios 84
Servicio: Aprendiendo el secreto del altruismo 100
Bibliografía 1
Contacto 2

Introducción

¿Soy feliz? Esta es una pregunta que toda persona se hará al menos una vez en la vida. Lo cierto es que desde niños perseguimos la felicidad, aunque sea en forma de dulces y caramelos. Esa sensación de satisfacción personal que desde la niñez comenzamos a descubrir, aunque no sepamos cómo llamarla, se vuelve esencial en todo ser humano. El reconocido filósofo griego, Aristóteles, era de la teoría que la gran búsqueda del ser humano es la de la felicidad. Coincidamos o no con Aristóteles la verdad es que todos queremos ser felices. Es por eso que las personas, las situaciones y los lugares que asociamos con la infelicidad los terminamos rechazando. Nos importa ser felices y creo que a nuestro Creador le importa nuestra felicidad mucho más que a nosotros.

Una lectura rápida de los dos primeros capítulos del libro de Génesis sería suficiente para corroborar que el enfoque de Dios en hacer esta maravillosa creación también fue con el propósito de darnos una existencia feliz. Quiero que le demos juntos un vistazo al relato del Génesis en el capítulo dos:

Y Dios el Señor formó al hombre del polvo de la tierra, y sopló en su nariz hálito de vida, y el hombre se convirtió en un ser viviente.

Dios el Señor plantó un jardín al oriente del Edén, y allí puso al hombre que había formado. Dios el Señor hizo que creciera toda clase de árboles hermosos, los cuales daban frutos buenos y apetecibles. En medio del jardín hizo crecer el árbol de la vida y también el árbol del conocimiento del bien y del mal. Del Edén nacía un río que regaba el jardín, y que desde allí se dividía en cuatro ríos menores. El primero se llamaba Pisón, y recorría toda la región de Javilá, donde había oro. El oro de esa región era fino, y también había allí resina muy buena y piedra de ónice. El segundo se llamaba Guijón, que recorría toda la región de Cus.[c] El tercero se llamaba Tigris, que corría al este de Asiria. El cuarto era el Éufrates. Dios el Señor tomó al hombre y lo puso en el jardín del Edén para que lo cultivara y lo cuidara, y le dio este mandato: «Puedes comer de todos los árboles del jardín, pero del árbol del conocimiento del bien y del mal no deberás comer. El día que de él comas, ciertamente morirás» (Gn. 2: 7-17)

¿Puedes ver la intención de Dios de bendecir al ser humano? Desde el inicio el relato bíblico dice que Dios se dedicó a construirle el mejor ambiente al ser humano para que viviera feliz. Aquel lugar especial fue llamado *Edén* que al traducirlo a nuestro idioma nos encontramos con un significado sorprendente: "delicia". Fuimos creados para deleitarnos, para que disfrutáramos la vida, para que fuéramos felices. Sé que la vida con sus dinámicas y situaciones pareciera que no fue creada para que la disfrutáramos. Y es verdad que el diseño original se dañó, o al menos se distorsionó, pero no ha sucedido así con la intención original del Creador. ¡Él quiere que seas feliz! Hay un momento en el relato de la Creación que resulta sorprendente: Adán el primer hombre ya había sido creado y se paseaba solo por aquel maravilloso jardín y entonces al verlo Dios dice: "No es bueno que el hombre esté solo. Voy a hacerle una ayuda adecuada." (Gn. 2: 18) Todo parecía estar marchando de maravillas, el lugar era espectacular, las frutas y las plantas también, pero Dios se percata de que Adán no estaba completamente feliz, y decide crear a Eva. Por cierto, esta afirmación hay que entenderla correctamente porque de lo contrario podemos interpretar que Eva (o la mujer en general) solo fue creada para hacer feliz al hombre sin que sus sentimientos y necesidad de ser feliz fuesen tenidos en cuenta. Esa no es la idea, para nada. Lo que se está queriendo resaltar en ese relato bíblico, quizás en la forma limitada que tenemos los seres humanos para describir las intenciones del Creador, es que el ser humano no está completo hasta que goza de las relaciones que lo complementan. Y esto nos envía un doble mensaje, ¿no te parece? La primera gran revelación es que fuimos creados por un Dios que además de ser muy inteligente está interesado en que seamos felices. Y la segunda gran revelación es que la felicidad depende mucho de vivir en el ambiente idóneo y con las personas correctas. De hecho, la palabra felicidad en nuestro idioma castellano se cree que tiene su origen en el griego antiguo y su significado más simple sería "buena fortuna", pero la palabra "eudaimonía" que se traduce felicidad en el castellano, tiene un significado aún más profundo. Si descomponemos la palabra y separamos los dos términos que la componen nos encontramos con la palabra griega "eu", que significa "bien" y la palabra "dáimonos" que significa "divinidad". Inferimos entonces que la felicidad tiene un origen divino e implica el bienestar de los seres humanos. ¿Será que el secreto de la felicidad está escondido en descubrir aquellas cosas que Dios creó para bendecirnos? En cada capítulo de este libro nos daremos a la tarea de compartir siete elementos (por llamarlos de alguna manera) que Dios integró a la vida de los seres humanos y que son esenciales para vivir bien, para vivir felices.

Una cosa sí deseo, y que desde el inicio lo puedas saber, que es la voluntad de tu Creador el que puedas vivir una buena vida. Y esa buena vida está encerrada en su diseño original y está escondida detrás de aquellas cosas que desde el inicio han sido parte esencial de la experiencia humana. Quizás son tan básicas que hemos ignorado que son la clave para ser felices. Sin embargo, sí que lo son, y apreciarlas y practicarlas es necesario para nuestra felicidad.

Ya casi estamos por comenzar a descubrir los siete elementos que revelan el secreto de la felicidad, pero antes de hacerlo me gustaría cerrar esta introducción compartiéndote la historia de un hombre que mientras buscaba con afán ser feliz se olvidó de vivir. El personaje de esta historia era un hombre extremadamente rico quien por si fuera poco tuvo la dicha de poseer unos campos de cultivo tan fértiles que sus cosechas se duplicaron. Cuando el hombre rico se percató que sus cosechas serían abundantes ese año hizo lo que todo hombre de negocios debe hacer: se preparó de antemano. Así que esto fue lo que ideó: derribó los graneros que tenía y mandó a construir otros que fueran mucho más grandes y mejores. ¿Hasta aquí todo marcha bien, no te parece? Pero Jesús, quien fue el que contó originalmente la historia, lo hizo para describir a un ser humano necio. ¿Por qué? Es obvio que Jesús no consideró necia la decisión de este hombre de ampliar sus graneros y mejorar sus condiciones de almacenamiento. En realidad, se estaba refiriendo a lo que expresó el rico luego que se le ocurrió construir graneros nuevos. ¿Sabes lo que dijo aquel hombre? Él dijo: *"...Alma mía, ya tienes bastantes cosas buenas guardadas para muchos años. Descansa, come, bebe y goza de la vida."* La necedad de aquel hombre no fue ser rico, ni mucho menos ser un buen administrador. Su error fue creer que solo sería feliz después de recoger la cosecha más grande de su vida y volverse extremadamente rico. Su necedad fue apostarle su felicidad a sus ganancias futuras y olvidarse de ser feliz en el presente. Jesús luego contó que Dios mismo le dijo a aquel hombre: *"¡Necio! Esta misma noche te van a reclamar la vida. ¿Y quién se quedará con lo que has acumulado?"* Lo que más me impresiona del mensaje que Dios le dio al hombre rico no fue tanto que él iba a morir, sino que cuando eso sucediera no tendría a nadie que heredara su imperio financiero. ¡Qué triste que persiguiendo la felicidad olvidara que esta se vive día a día! ¡Qué triste que buscara la felicidad individual y no comprendiera que la felicidad se vive en familia! ¡Qué triste que pensara que sería feliz después y olvidó serlo ahora! Con razón Jesús había dicho antes de narrar la historia de este hombre lo siguiente: *"...la vida de una persona no depende de la abundancia de sus bienes."* (Lc.12: 15b)

Es mi intención mientras me acompañas en la lectura de este libro que puedas descubrir esas pequeñas cosas de la vida, tan básicas, tan simples, pero tan esenciales para construir la felicidad. Entonces, ¿estás listo para descubrir el secreto de la felicidad? ¿estás listo para vivir feliz?

Fe: El ingrediente que no debe faltar.

¿Has hablado alguna vez con una persona desanimada? Hay algo que dejó de tener: fe. Las personas no necesariamente mueren cuando se para su corazón sino cuando pararon de creer. La fe nos ayuda a soñar, a esperar nuevas oportunidades y a emprender nuevas cosas. La fe le permite creer al enfermo que sanará, a la mujer que aún no concibe le hace creer que muy pronto será mamá, pero también la fe nos permite aceptar que si no sucede lo que esperamos es porque hay algo mejor para nosotros. La misma fe que nos permite recibir lo deseado nos permite vivir sin recibirlo y ser feliz. La fe es esencial para la vida y renunciar a ella es renunciar a vivir. A mí me gusta tomar café, y en especial el café cubano me gusta tomarlo con azúcar. Lo peor que me puede pasar es que me ofrezcan una taza de café y que no tenga azúcar. Bueno, así es la vida sin fe, es como un café cubano amargo. La fe es el ingrediente que debe endulzar nuestra vida. ¿Recuerdas cómo se llamaba aquel jardín donde Dios puso a la primera pareja? Así es, se llamaba *Edén*, se llamaba *Delicia*. No olvidemos esto jamás, fuimos hechos para vivir en un ambiente delicioso. Comenzamos a recuperar aquel ambiente cuando vivimos una vida de fe. Esto no va a ser tarea fácil. Cada día seremos desafiados a ser incrédulos, a negar que

Dios nos quiere bendecir o a negar por completo que sí podemos ser felices.

Agar: la mujer que abrazó la fe

Hubo una mujer llamada Agar, ella era de origen egipcio, pero por alguna razón que desconocemos terminó siendo esclava de una familia semita, de la familia de Abraham. Los esclavos en aquellos días, aunque eran posesión de sus amos eran más bien como los empleados del hogar modernos o como jornaleros en el caso de los que trabajaban la agricultura. Lo único era que no recibían un pago por su trabajo sino un techo donde vivir y mucho trabajo que hacer. Con el tiempo eran tenidos como parte de la familia y en algunos casos si los amos no tenían herederos, alguno de los esclavos podía heredar las riquezas de su dueño. De todas formas, esta no era la vida ideal. Nadie vivía anhelando ser un esclavo en la casa de alguna familia rica. No importaba cuán bien los trataran, nadie quería ser esclavo. Así que la situación de Agar no era la más favorable. Seguramente había emigrado a aquellas tierras en busca de una mejor vida y terminó siendo una esclava doméstica. Para colmo de males, un buen día a su ama se le ocurrió decirle a su marido que le daba permiso de tener relaciones con ella. La pobre mujer egipcia terminó embarazada de su anciano dueño, esperando un hijo que, aunque heredero de la casa nunca sería tenido como tal sino con un bastardo necesario. ¿Te imaginas cuánto enojo y frustración habría en el corazón de aquella mujer? La situación se puso aún peor cuando Sarai la mujer de Abraham sintió que Agar la miraba con desprecio por ser estéril. El relato de Génesis 16 dice así: *"Y como Sarai la afligía, ella huyó de su presencia..."* Agar podemos pensar que era una pobre mujer a la que la mala suerte la había alcanzado y no la soltaba. Quizás refuerces ese criterio cuando escuches lo que sucedió después: *"Y la halló el ángel de Dios junto a una fuente de agua en el desierto... y le dijo: Agar sierva de Sarai, ¿de dónde vienes tú y adónde vas? Y ella respondió: Huyo de delante de Sarai mi señora. Y le dijo el ángel del Señor: Vuélvete a tu señora, y ponte sumisa bajo su mano."* (Gn. 16:6-9) No bastó con que a esta mujer la maltratara su ama, sino que ahora Dios se la encuentra en el camino y le ordena que regrese a ese ambiente de opresión de donde había salido. A lo mejor estás diciendo: "¿Y ese es el Dios del que me hablas que quiere verme feliz?" Bien, no cuestiono tu pregunta si la has hecho. Pareciera justificable pensar así. Pero permíteme desafiar ese criterio compartiéndote lo que después le dijo el ángel de Dios: *"...Multiplicaré tanto tu descendencia, que no podrá ser contada a causa de la multitud. Además le dijo el ángel del Señor: He aquí que has concebido, y darás a luz un hijo, y llamarás su nombre Ismael, porque Jehová ha oído tu aflicción. Y él será hombre fiero; su mano será contra todos, y la mano de todos contra él, y delante de todos sus hermanos habitará."* (Gn. 16: 10-12)

La fe en acción se expresa en actos de obediencia

Lo que Dios le pide a esta mujer es un acto de fe, al demandarle que regrese a la casa de su ama que la maltrataba. La fe en acción se expresa en actos de obediencia. No creemos cuando no estamos dispuestos a hacer lo que se nos pide. Lo difícil de la fe es que casi siempre viaja en dirección opuesta a la lógica. Pero cuando nos atrevemos a obedecer nuestra vida comienza a cobrar otros matices. No digo que las cosas cambien por arte de magia, sino que nosotros comenzamos a cambiar, al menos en la forma en la que reaccionamos a las situaciones de la vida. Uno de los significados de la palabra griega que se traduce felicidad es tener "buen ánimo". ¿Será entonces que la felicidad no tanto tiene que ver con las situaciones de la vida sino con nuestra respuesta a la vida misma? Eso es lo que la historia de Agar nos invita a pensar. Un poco más adelante, cuando el ángel ya se había marchado, leemos lo siguiente: *"Entonces llamó el nombre de Jehová que con ella hablaba: Tú eres Dios que ve; porque dijo:*

¿No he visto también aquí al que me ve? Por lo tanto llamó al pozo: Pozo del Viviente que me ve..." (Gn. 16: 13-14a)

Es impresionante cómo Agar respondió en fe al encuentro con el ángel. Ella regresó a su realidad, quizás a los mismos maltratos y de seguro a seguir siendo una esclava en la casa del hombre que ahora además era el padre de su hijo por nacer. Pero ella no regresó igual, sino con la fe y la certeza de que su vida no pasaba desapercibida del Creador del Universo. Nuestra vida nunca será perfecta, y en ocasiones será bastante desagradable lo que tengamos que enfrentar, pero si algo añade valor y alegría a nuestra vida es reconocer, es creer que Dios tiene su mirada fija en nosotros. Saber que le importamos al Creador de todo el universo es razón suficiente para estallar de felicidad. No tengo dudas que la actitud de Agar fue diferente a partir de aquel día. El mismo relato me hace creer eso: *"Y Agar dio a luz un hijo a Abram, y llamó Abram el nombre del hijo que le dio Agar, Ismael..." (Gn. 16:16)*

No creo que haya sido coincidencia que Abram le pusiera a su hijo el mismo nombre que el ángel dijo que el niño tendría. Seguramente Agar llegó contando su historia, tal vez no a todos, pero al menos a Abraham. Y su relato tiene que haber sido muy convincente como para que el anciano le creyera. Las personas de fe son convincentes, son escuchadas y logran influenciar la manera de pensar de los demás. ¿Quieres ser influyente? Sé feliz. ¿Y quieres ser feliz? Vive creyendo.

La historia de Agar no termina con su regreso a la casa de Abraham, al contrario, el drama continuó. Como era de esperar los conflictos entre las dos mujeres continuaron y estos se pasaron a la siguiente generación. La anciana Sara que no podía tener hijos finalmente pudo tener un hijo al que llamaron, Isaac. Cuando Sara y Abraham estaban en los preparativos para celebrar la fiesta en la que Isaac sería destetado, la mujer se percató que Ismael se burlaba de su hijo. Entonces llena de rabia le dijo a su marido: *"Echa fuera a esa esclava y a su hijo. Él no compartirá la herencia con mi hijo Isaac. ¡No lo permitiré!"* (Gn. 16: 10) Y aunque esta petición disgustó mucho a Abraham finalmente Dios mismo lo convenció que era eso lo que debería hacer.

La vida no es perfecta, pero lo cierto es que la mayoría de las veces somos nosotros mismos los que la empeoramos. Lo más triste es que otros sean los autores de nuestras tragedias. Agar no es que haya sido una víctima todo el tiempo, pero no es menos cierto que todas estas situaciones en las que se vio envuelta fueron el resultado de lo que provocaron con sus decisiones sus propios amos. ¡Qué tragedia cuando nos toca sufrir por las decisiones de otros! Quizás Agar lo vio así también cuando le tocó irse de la casa donde vivía y ahora con un hijo del que se sentía responsable. A lo mejor aquel momento le hizo olvidar que su vida no pasaba desapercibida de la mirada de Dios. Y en algún momento en su andar por el desierto sin más agua para tomar, *"se echó a llorar y dijo: No quiero ver morir al muchacho"* (Gn. 21:16) ¿Sabes lo que dice la Biblia? Esto es lo que leemos en ese pasaje: *"Pero Dios escuchó llorar al muchacho, y el ángel de Dios llamó a Agar desde el cielo: "Agar, ¿qué pasa? ¡No tengas miedo! Dios ha oído llorar al muchacho…Ve a consolarlo, porque yo haré de sus descendencia una gran nación. Entonces Dios abrió los ojos de Agar, y ella vio un pozo lleno de agua…"* (Gn. 21:17-19)

No, la vida no es color de rosas. Si pensabas que ser feliz es no tener problemas estabas equivocado. La vida está llena de sinsabores, de situaciones amargas, de injusticias y de mucho dolor. ¿Para qué entonces buscar la felicidad? No vale la pena, quizás digas. Bueno, déjame decirte algo, no se trata de buscar la felicidad, sino de que esta nos busque a nosotros. Ese es el gran secreto en sí. Dios, el autor de la felicidad, salió a buscar a Agar dos veces. Cuando ella estaba cansada, rendida y sin ánimos de vivir, Dios salió a buscarla. Y en ambas ocasiones le hace promesas increíbles. Promesas cargadas de realidad, pero sin dudas de buenas noticias y esperanza. Hoy vemos los pueblos árabes, la grandeza de los Emiratos Arabes Unidos y de Arabia Saudita y solemos olvidar que toda esa grandeza comenzó siendo una promesa hecha a una mujer desanimada a la que se le provocó a creer no solo en la existencia de Dios sino también en el deseo del mismo Dios de bendecirla a ella y a su descendencia.

No comparto la historia de Agar para exaltarla sino para que puedas ver tu propia historia reflejada en la vida de esta mujer. A lo mejor te has sentido desfavorecido, sin recursos, sin nada que te provoque a pensar que puedes ser feliz. Cuántas veces has estado a punto de tirar la toalla y rendirte. No es fácil ser víctima de injusticias y maltratos. Es difícil tener que vivir las consecuencias de las acciones de terceros. Agar vivió todo eso y mucho más. Como muchos ella también pensó que era una desdichada que no merecía vivir. ¿Qué fue lo que cambió su historia o al menos la manera en la que ella respondió a los problemas? Dios mismo se encargó de cambiar sus criterios y de desafiar sus perspectivas. Dios mismo la retó a seguir adelante y a creerle a ese futuro que en más de una ocasión Él le anunció.

No te rindas, no dejes de creerle a Dios. No naciste por error, no eres un desdichado, eres alguien especial. Fuiste creado con propósito y tu vida tiene valor. No intentes ser feliz por medio de las circunstancias sino decide ser feliz a pesar de las circunstancias. Con la vida de Agar e Ismael aprendemos que nuestro propósito y nuestro destino son mucho mayor que nuestra tragedia. Con ellos aprendemos que, aunque no seamos parte del plan original sí somos parte de un plan muy original. Tal vez Ismael no fue el hijo de la promesa, pero sí fue un hijo con promesa. A veces nos llenamos de infelicidad porque queremos vivir vidas prestadas. Nos frustramos cuando descubrimos que no somos quienes queremos ser. Y quizás eso fue lo que le sucedió a Ismael, y por eso se burló de su hermano. Su complejo lo llevó a menospreciar a su hermanito que había nacido para cumplir una promesa. Aun así, a pesar de sus errores, Dios le dejó saber que él quería bendecirlo. Cuántas personas están siendo bendecidas y sin embargo no pueden disfrutarlo, no pueden ser felices, porque están más enfocados en compararse con otros que en descubrir su propia asignación. Creer en el plan de Dios con nuestras vidas de seguro nos ahorra muchos dolores de cabeza. Tener fe en que nacimos con propósito y vivir para descubrir ese propósito siempre será la clave de la felicidad. Decide vivir creyendo que no eres un accidente sino un diseño único de un artista increíble. No pienses que las pruebas y dificultades de la vida son suficientes para reconocer que no vale la pena vivir. Es verdad que no todos vivimos lo mismo, pero a todos nos toca enfrentar nuestras propias situaciones. Todos tenemos nuestros propios retos y luchas personales. No es eso lo que impide que seamos felices sino nuestra respuesta a las situaciones de la vida. Hubo alguien que impactó mi vida con lecciones de fe, un amigo querido que me doblaba la edad, mi querido amigo Miguel. Lo conocí cuando decidí ser pastor de la pequeña iglesia a la que él y su esposa asistían. Con el tiempo me fui acercando más y más a aquel anciano de carácter fuerte y de un ímpetu impresionante. Un inmigrante como yo en el sur de la Florida, solo que él había llegado muchas décadas antes. En el momento que lo conocí además de anciano era un próspero hombre de negocios. Con dos hijos adultos igual de exitosos en sus profesiones y una linda familia. Al verlo sonreír cualquiera pudiera decir que mi amigo Miguel tenía razones para ser tan alegre, pero al conocerlo descubrí una historia cargada de pérdidas y batallas difíciles. Un hombre que a base de sacrificios personales había construido un pequeño negocio que le daba para vivir bastante bien en aquel poblado cerca de La Habana. Y entonces cuando menos se lo esperaba, aquel flamante esposo y padre de familia tuvo que dejarlo todo debido al cambio político en su país. Llegó al sur de la Florida sin nada, como muchos, y de allí se dirigió en busca de mejores horizontes con su esposa y sus dos hijos pequeños a otro estado de la nación. De la noche a la mañana el próspero comerciante habanero se convertía en un inmigrante pobre, desconocedor de la lengua del país que le recibió y con la responsabilidad de alimentar a una familia. Suficiente razón para sentirse el más desdichado de entre los hombres. Pero no mi amigo, antes de salir de Cuba, había abrazado la fe en Jesucristo que su joven esposa tenía y su suegro predicaba. Lo cierto es que el joven inmigrante tenía razones para estar desanimado, pero él decidió llenarse de optimismo y esperanza. La fe lo recompensó y con el tiempo pasó a ser administrador de una famosa cadena de tiendas americanas. Luego se convirtió en manager regional y así siguió ascendiendo en su carrera empresarial. Y cuando estaba en la cima de su éxito por algunos años, una terrible enfermad lo paralizó. Un tumor cerebral ponía en suspenso la vida de aquel hombre quien en ese momento de su vida emprendía negocios en la República Dominicana. Pero otra vez Dios cambiaría su situación y la enfermedad que aparentemente lo vencería fue vencida por la fe de aquel hombre que vivía aferrado a su Dios. Cuando lo conocí me contó de todo lo que le arrebataron en Cuba y de cómo tuvo que empezar de cero en Norte América. También me contó del tumor en su cerebro, del cáncer en su próstata y del implante de metal en su hombro provocado por una terrible caída. Me contaba de los miles de dólares que un político dominicano le había robado y de muchas historias más. Lo sorprendente es que me narraba todas esas historias acompañándolas con sus carcajadas y su sonrisa sincera. También me hablaba de sus victorias y de como Dios había sido fiel. Y me decía: "Alex, no importa todo lo que tenga que enfrentar de aquí en adelante, Dios va a estar conmigo, y en lo que a mí respecta, voy a morir con las botas puestas." Esa expresión, "con las botas puestas", era su manera coloquial de decirme que no se rendiría. Que nunca pararía de creer y que nada ni nadie le robaría su sonrisa y su alegría peculiar. Todavía recuerdo aquel domingo de abril cuando alguien de la familia vino a buscarme para decirme que Miguel había fallecido. Murió unas semanas después que su esposa de toda la vida había fallecido. Cuando llegué a su casa fui recibido por uno de sus hijos, su nuera y dos de sus nietas. Ellos me invitaron a pasar, y allí en su asiento favorito, completamente vestido, y "con las botas puestas" yacía sentado mi amigo entrañable. Nunca olvidaré su rostro semi inclinado hacia arriba como si estuviera mirando en esa dirección y en sus labios una aparente sonrisa. Mi amigo murió como había vivido. Su vida no fue perfecta, no fue color de rosas, Miguel la hizo florecer. Mi amigo le sacó el jugo a la vida, y fue feliz. No tengo más que una respuesta para tanta felicidad encerrada en una sola persona: la fe. Miguel aprendió a creer, y no dejó que un solo día de su vida este ingrediente le faltara.

Querido lector, tú también puedes vivir feliz. El secreto no está en descubrir una vida sin problemas. El secreto está en ver detrás de cada situación la oportunidad única que te brinda Dios de responder en fe y aceptar su plan para ti. Recuerda, la vida no es perfecta, pero el Autor de tu vida sí lo es. ¡No dejes de creer en Él!

Familia: Donde la vida se construye en equipo

Mi padre es el menor de ocho hermanos. Él es el único hombre y el más pequeño. Salvo una de sus hermanas que murió con unos pocos días de nacida todas las demás crecieron a su lado, haciéndolo el consentido de la familia. De hecho, llegaron a ser tantos hermanos porque mi abuelo no se daba por vencido en la búsqueda de su hijo varón. En aquella época la idea de no tener hijos varones que heredaran el apellido seguía pegando muy fuerte en la moral de los hombres. Y bueno, eso fue suficiente para que al nacer me esperara una familia paterna bastante numerosa. Fui el último en nacer de todos los nietos de mis abuelos paternos. ¡Fuimos catorce en total! Y cada domingo en la tarde mis tías con sus esposos y cada uno de mis primos (algunos de ellos ya casados por aquel entonces) junto a mis padres, mi hermana y yo, abarrotábamos la casa de mis abuelos. Eran divertidas aquellas reuniones familiares, escuchar los cuentos de los tíos y las conversaciones de las mujeres de la familia. Mi abuela como una abejita trabajadora se le veía cocinando y haciendo cosas sin parar, no sin dejar de conversar con sus hijas o nietos e inclusive con sus hermanos y sobrinos que también se sumaban a la celebración habitual. Me divertía ver a mi abuelo, siempre callado, impecablemente vestido y sentado en su silla preferida suspendido en ella sobre las dos patas traseras. De vez en cuando alzaba la voz para decir algo o pedir algo. Y una que otra vez intentaba alcanzar a algún muchacho de la familia con su bastón de madera para que lo dejaran de molestar. También recuerdo cuando en el verano coincidíamos en alguna playa del occidente de la isla de Cuba en nuestras vacaciones. No faltaba la ocasión en la que los hermanos de mi mamá y sus hijos se unieran a nuestra reunión en aquel balneario veraniego. Creo que, si volviéramos a coincidir todos, disfrutaríamos mucho tan solo hablando de nuestras experiencias familiares. No hay dudas, si algo nos provoca felicidad es vivir en familia. Por eso cuando las familias se dividen o se dejan de hablar, la tristeza las embarga.

Me pregunto cómo es que siendo tan importante la vida en familia para alcanzar la felicidad lo ignoramos con tanta frecuencia. En los Estados Unidos, donde vivo, la mayoría de los matrimonios no dura más de ocho años. Y lo peor es que muchos cuando se divorcian ya tienen hijos en común y esto añade más dolor a la separación. En este mismo país, desde donde escribo sentado en un rincón de un café en Miami, se estima que veinticinco millones de niños viven sin uno de los padres. Este número es mayor que el total combinado de enfermos de cáncer y alzheimer en EE.UU. ¡Es una tragedia! Porque, aunque nos ufanemos de ser civilizados y de ser adultos responsables que sabemos educar hijos saludables emocionalmente la realidad nos dice algo diferente. Según un estudio publicado en "The family Watch" la ausencia de la figura paterna en los hogares es causa de grandes problemas sociales tales como la delincuencia, la pobreza, el embarazo no deseado en las adolescentes, el abuso infantil y la violencia doméstica. El mismo artículo brinda la escalofriante cifra de un 53% de riesgo de pobreza en los hogares mono parentales. Y estas cifras se imponen cada día más mientras muchas mujeres (tal vez con sobradas razones) intentan demostrar que ellas pueden solas. Lo cierto es que los expertos dicen que los niños no pueden prescindir de sus padres. Ellos necesitan a papá y a mamá para ser felices.

Una mujer de mi familia, muy cercana a mí, por cierto, vivió un divorcio difícil cuando el esposo de su juventud decidió emprender una nueva vida con otra mujer. Para ese entonces ya ellos tenían un hijo de alrededor de ocho años y una pequeña bebé de pocas semanas de nacida. No necesitamos imaginarnos lo que aquello significó para la joven madre. Aunque contaba con el apoyo de sus padres, la ausencia de su esposo dejaba huellas en su hogar que ahora se encontraba roto. Su hijo de ocho años había crecido muy apegado a su papá. De hecho, el padre es un increíble papá, lo fue antes del divorcio y lo continuó siendo después del divorcio. Pero el solo hecho de no tenerlo en casa y el no poder compartir con él cada día marcó emocionalmente al muchacho. Así que la mamá tuvo que llevar a su pequeño a varias citas con un psicólogo. En realidad, ambos necesitaban ayuda, no solamente el niño sino también la mamá. En una de aquellas citas con el psicólogo cuando la mujer recibía su terapia, el psicólogo le hizo una afirmación sorprendente. El doctor le dijo a ella: *"Debes haber tenido una niñez bastante estable y feliz. Porque a pesar de lo que te ha tocado enfrentar lo haces con mucha fortaleza y no has perdido el optimismo que necesitas para seguir adelante."* Y sí, esa fue una afirmación acertada, ella había crecido en un hogar bastante estable, sus padres habían superado algunas crisis y habían permanecido juntos. En su hogar de la niñez ella había vivido el dolor de la infidelidad del padre, pero había visto el poder del perdón y su efecto restaurador en las relaciones. A pesar de aquellas situaciones matrimoniales, sus padres la mayor parte del tiempo se prodigaron cariño y no faltaban las expresiones de afecto físico enfrente de ella y de su hermano menor. La familia disfrutaba junta los fines de semana y las vacaciones de verano. El padre era espontáneo y podía ocurrírsele de la noche a la mañana llevar a pasear a la familia a algún lugar. Aquello producía un alto grado de diversión en los muchachos. Y por la frecuencia de aquellos eventos divertidos creo que esto ayudó a su estabilidad emocional y a un profundo sentimiento de satisfacción que de alguna manera la ayudaba a enfrentar su tragedia. Necesitamos con urgencia adultos en los hogares que construyan familias saludables. No creo en las familias perfectas más sí en las familias saludables. Estas son familias donde abunda el pedir y dar perdón. Son familias que aprenden a reír y llorar juntos. Perseveran a través del tiempo. Y siempre, sea que tengan abundancia financiera o vivan en escasez hacen todo lo posible por disfrutar la vida. En esos hogares saludables hay estructuras funcionales, nunca rígidas. El descanso de niños y adultos se cuida. Los adultos son responsables y a los más pequeños se les demanda con sabiduría a obtener logros académicos y deportivos. En esos hogares el fracaso no es aplaudido, pero tampoco significa algo inaceptable. El fracaso en todo caso es oportunidad de aprendizaje para todos. Los adultos son los primeros en mostrar cuan vulnerables son, pero a su vez cuan fuertes para aceptarlo. Necesitamos construir hogares saludables, donde la cultura de ser felices reine.

Los seres humanos tenemos una profunda admiración por Jesús, sobre todo los que tenemos fe en él y lo reconocemos como nuestro Señor. Pero en ocasiones la admiración a su persona no nos permite ver los detalles de su vida que nos ayudan a descubrir el ambiente familiar en el que creció. El hogar en el que Dios su Padre puso a Jesús no fue un hogar perfecto, pero sí fue un hogar saludable. Su padre adoptivo (porque en realidad Jesús es declarado Hijo de Dios), José, fue un humilde carpintero, tal vez no con una economía tan solvente, sin embargo, fue un hombre que amó mucho a su esposa y a sus hijos. La historia de la familia de Jesús comienza cuando José y María estaban comprometidos para casarse. El relato de la Biblia dice que María recibió la visita de un ángel que le dejó saber que concebiría a un hijo aun siendo virgen, y de hecho, un tiempo después el vientre de la joven soltera comenzó a crecer. Aún hoy eso continúa siendo una situación incómoda, todavía la sociedad moderna suele sentir lástima de la adolescente que tiene que aprender a ser madre prematuramente. Y todavía en la actualidad los hombres modernos no reaccionan bien cuando sus novias les confiesan estar embarazadas y no de ellos precisamente. José parece ser que no aceptó inicialmente la versión de María de que había concebido del Espíritu Santo. Sin embargo, la Biblia dice que "como era un hombre justo" (Mat 1: 19) decidió abandonar en secreto a María para no causarle vergüenza a la joven. Era un buen hombre José, porque debiendo estar lleno de rabia y resentimiento todavía pensaba en proteger la imagen de la mujer. La verdad es que personas con esos valores suelen hacerle la vida feliz a los que están cerca de ellos. La historia de aquella familia que estaba por nacer no terminó con la partida en secreto del novio antes del día de la boda. El ángel de Dios intervino otra vez y le confirmó a José la versión de María, así que el hombre creyendo la versión tomó a la joven y se casó con ella. No obstante, todavía quedaba un bebé por nacer, un hijo que por mucho que José lo intentara olvidar no era suyo. Sin embargo, cada vez que leemos los relatos de esa historia familiar no encontramos signos de un hombre resentido y amargado. Por el contrario, descubrimos a un esposo tierno y a un papá amoroso. Eso nos lleva a descubrir que la felicidad que se construye en familia no depende de condiciones perfectas sino de la actitud y la disposición de quienes la componen. José pudo haber optado por el resentimiento, pero decidió vivir amando a las personas importantes de su vida. Luego leemos más adelante en la historia de los evangelios que José y María tuvieron más hijos. Llenaron su casa de alborotos y risas. No eran personas ricas financieramente hablando, pero sí lo eran espiritualmente y eso los ayudó a construir el milagro de una hermosa familia. No habían comenzado de la mejor manera, ni tan siquiera el bebé que Dios le había confiado había podido nacer en una camita cómoda sino en una cueva fría que servía de establo a los animales y lo habían tenido que acostar en el pesebre donde la paja que comían los animales fue el mejor colchón que le pudieron ofrecer. Alguien con todas estas experiencias hubiera vivido amargado por el resto de su vida. Otra persona con semejantes vivencias quizá no lo hubiera podido soportar y se hubiera rendido. José no, él por su parte nos da una lección de fortaleza, de estabilidad emocional y de amor por su familia.

Para ser felices debemos apreciar el vivir en familia. Pero los hogares felices solo surgen cuando quienes lo integran se logran despojar del egoísmo que consume a los seres humanos. No hay tal cosa como familias buenas y familias malas. La diferencia entre hogares que funcionan y hogares disfuncionales está en los niveles de egoísmo que se manejan en esas familias. Todos los seres humanos tenemos que aprender a manejar nuestro ego. De hecho, no hay nada malo en reconocer nuestro ego porque esto solamente revela que tenemos una identidad. Pero cuando el "Yo" se vuelve tan importante para nosotros que no hay lugar para nadie más en nuestra vida estamos viviendo mal. Cuando nuestras relaciones interpersonales solo nos sirven para obtener ventajas estamos construyendo no solo la desgracia de ellos sino también la nuestra. ¿Has notado cómo las personas con un nivel de egoísmo muy alto son las más infelices? La virtud de sentir lo que otros sienten y la capacidad de ponernos en el lugar de los demás para acompañarlos en cualquier situación que enfrenten se conoce como empatía, la Biblia por su parte lo llama "compasión". La empatía o la compasión como la queramos llamar, supera a la lástima. Esta última es solamente ese dolor por la situación ajena que no produce ninguna reacción, no es proactiva. La compasión no solo sufre el dolor ajeno, sino que trabaja para erradicarlo y si no lo puede lograr hará todo lo que esté en sus manos para que la persona que sufre sepa que no está sola. La empatía no solo se practica cuando otros sufren sino cuando somos capaces también de disfrutar los logros de los demás. Las personas empáticas son muy felices. Y es que bien lo afirmó Jesús: *"Es mucho mejor dar que recibir"* (Hch 20:35). Es más feliz quien comparte que quien recibe todo el tiempo. Es mucho más feliz aquella persona que tiene el propósito de hacerle agradable la vida a los demás. ¡Qué curioso! Queriendo hacerle feliz la vida a los demás terminados siendo felices nosotros. Y esa empatía tan necesaria para construir relaciones saludables se aprende en la familia. La familia es el ambiente ideal para producir vidas que rebosan de felicidad. El apóstol Pablo escribió en su carta a los romanos: *"Gócense con los que se gozan y lloren con los que lloran"* (Rom 12:15). Eso es empatía. Y se aprende en la familia. En el hogar aprendemos a celebrar las victorias de nuestros hermanos y a sufrir sus derrotas o enfermedades. Un hogar es saludable cuando se sabe cuándo reír y cuándo llorar. Recuerdo que cuando tenía catorce años, mi hermana cinco años mayor que yo, se enfermó gravemente. Sus riñones colapsaron literalmente de la noche a la mañana. Sin signos previos de enfermedad mi hermana ahora se encontraba internada en un hospital y con un pronóstico de vida muy limitado. Si lograba sobrevivir la enfermedad le esperaban diálisis y procedimientos médicos muy fuertes. Ella que apenas comenzaba su carrera universitaria se encontraba detenida en el tiempo. Su sufrimiento era el de todos en casa. Recuerdo una ocasión en que mis amigos pasaron a buscarme para ir a una fiesta y les dije rotundamente que no. Mi argumento para negarles la invitación era uno solo, mi hermana estaba muriendo y yo no podía (aunque quisiera) divertirme como si nada estuviera pasando. Gracias a Dios, la condición de mi hermana después de algún tiempo se fue como vino, fugazmente. En medio de la sorpresa de los doctores que no encontraban razones científicas para justificar su sanidad nosotros celebrábamos la victoria de mi hermana. Su alegría era la nuestra, así como su dolor también había sido nuestro. Esa es la dicha de vivir en familia, que aun lo que suele ser desagradable cuando se comparte con los que se ama suele hacer más pasajero el dolor.

En el libro de los Hechos se narra el momento en que Jesús resucitado asciende a los cielos en presencia de varios testigos. Muchos de estos regresaron juntos a una casa en Jerusalén y permanecieron como una gran familia esperando al Espíritu Santo que les había sido prometido. Lucas el escritor de Hechos hace la siguiente afirmación en su introducción: *"Todos, en un mismo sentir, se dedicaban a la oración, junto con las mujeres y con los hermanos de Jesús y su madre María."* (Hch. 1: 14) Al leer esas palabras pienso en María, en todo lo que ha vivido en las últimas semanas. Su hijo mayor, odiado por muchos, fue asesinado en presencia de ella y otros espectadores. Para María aquel fue un momento de profundo dolor. Luego al visitar con otras mujeres la tumba de su hijo la encuentra vacía y la angustia de pensar que el cuerpo de su Jesús fue robado de seguro la embargó. Pero un instante después la alegría de verlo resucitado disipó la angustia. Sin embargo, cuando ya estaba acostumbrándose otra vez a disfrutar de su compañía, Jesús se fue al Cielo. Y aunque dejó una promesa que regresaría, su partida debió producirle dolor a su madre. Pero Lucas nos dice que ella se encontraba rodeada de personas que la querían mucho y sobretodo rodeada por sus otros hijos. No se menciona a José, parece que él ya había fallecido para ese entonces, añadiendo dolor a la experiencia de María. Pero ella contaba aun con la dicha de una familia unida, sus otros hijos y la familia extendida estaban a su lado para no dejarla hundirse en la tristeza y ayudarla a seguir adelante en la vida diaria. Esa es la bendición de vivir en familia. Por eso debemos ser intencionales en construir hogares sanos. Debemos amarnos, respetarnos, cuidarnos y apoyarnos tanto como sea posible. Los ancianos, los adultos y los pequeños del hogar son felices cuando conviven juntos y así, juntos, aprenden a reír y a llorar.

La vida tiene sus altas y sus bajas. Las familias experimentan el dolor de la pérdida, del fracaso y tienen que aprender a existir en ambientes poco ideales. La familia se tiene que enfrentar a cambios no deseados y a estrecheces de todo tipo. Pero la familia que sobrevive a todo eso y persevera, será feliz. Nos tenemos que hacer ese favor, nos tenemos que hacer ese regalo. Debemos ser intencionales en construir familias saludables. Acepto que jamás podremos construir familias perfectas, pero eso no es necesario cuando convivimos sanamente en el calor de un hogar. Esto sin dudas es parte esencial del secreto de la vida feliz. Decidamos ser familia, es la única forma de poder construir nuestra vida de manera exitosa. Porque la vida que se construye en equipo siempre es buena. ¡Se vive al máximo cuando se vive en familia!

Dinero: Un vehículo, nunca un destino.

El diario económico británico *Bankrate* recopiló la información de varias personas que pasaron de tener una inmensa fortuna a vivir vidas arruinadas. Uno de esos casos fue el de Evelyn Marie Adams, quien ganó el premio millonario de la lotería de New Jersey no una sino dos veces. Ganó tanto dinero que tuvo que cambiarse de ciudad porque los familiares y conocidos comenzaron a acosarla pidiéndole dinero. En 1993 en una entrevista en el *New York Times* confesó que sus familiares la odiaban por el solo hecho de que ahora ella tenía mucho dinero. Para colmo de males se hizo adicta al juego de salón y comenzó a despilfarrar la fortuna en los casinos de Atlantic City. Mucho tiempo después el diario *New York Post* logró entrevistarla y su confesión dejó a muchos con la boca abierta. La señora Adams reconoció que estaba en la ruina total y que ahora necesitaba tener dos trabajos para poder subsistir. La historia de Evelyn Marie Adams no es una historia aislada sino en realidad la historia de muchos ganadores de la lotería. El mencionado artículo de *Bankrate* lo confirmó al publicar la fatídica historia de Evelyn y otros afortunados ganadores que lo terminaron perdiendo todo.

¿Por qué estas historias se repiten con frecuencia? De hecho, esto no es exclusivo de los ganadores de la lotería, afecta a millones de personas en todo el mundo. Ricos y pobres por igual, viviendo vidas financieras miserables. En los dos extremos del espectro financiero vemos dolor y miseria. Sí, aunque no lo creas, el mundo está lleno de ricos miserables. Sin embargo, el dinero y los bienes materiales en general son parte esencial de la felicidad de los seres humanos. Desde que la humanidad comenzó a otorgarle valor monetario a los bienes y se comenzaron a hacer las primeras transacciones económicas, el dinero vino a ser parte esencial de la vida. Veo con frecuencia personas que piensan que el dinero es incompatible con la felicidad. Y también conozco a muchos (en este grupo se encuentra la mayoría) que piensan que solo pueden ser felices si tienen mucho dinero. Así que para algunos el dinero es un infierno. Es algo malo, inmoral, y que jamás debería asociarse con la felicidad. Pero los veo disfrutar una sabrosa comida en un restaurante, o sonreír con agrado cuando reciben un hermoso regalo. Olvidan que ambas cosas costaron dinero. Así que mientras dicen que el dinero es malo son felices con aquellas cosas que se obtienen con dinero. Creo que sin pretenderlo estas personas terminan viviendo una contradicción. Y luego, como mencioné anteriormente, están los que piensan que la felicidad solo está en tener dinero, y tener mucho dinero. Para ellos, el dinero es un destino, un lugar adonde llegar, una posición que alcanzar, para entonces comenzar a disfrutar la vida.

Hay quienes están tan aferrados a lo que poseen que no pueden imaginarse viviendo sin todas esas cosas y sin todo ese dinero. En una ocasión, un hombre relativamente joven (probablemente en su mediana edad) se acercó a Jesús y le hizo la gran pregunta existencial: ¿Qué puedo hacer para heredar la vida eterna? Si has leído a Jesús sabes que Él enseñaba que no podemos hacer nada para ganar la vida eterna, más bien esta es un regalo que Dios por amor ofrece a todos y que solo logran recibir los corazones humildes y llenos de arrepentimiento. Pero conociendo a aquel hombre, Jesús prefiere contestarle en sus términos. Así que le propone hacer lo que todo judío celoso de sus tradiciones creería que es la clave para la eternidad: cumplir toda la ley. El joven rico responde con la esperada respuesta que un hombre extremadamente religioso daría: *"Desde que era muy, muy joven, los mandamientos sigo y cumplo al pie de la letra."* (Mat. 19:20) Excelente, me parece estar escuchando a Jesús decir, pues entonces toma todos tus bienes repártelo a los pobres y luego ven, sígueme. La historia de este diálogo tan interesante narrada en los evangelios dice que aquel hombre rico y seguidor de sus tradiciones religiosas se fue muy triste porque no podía deshacerse de sus bienes. Si la eternidad dependía de abandonar sus riquezas entonces no era algo que él podría alcanzar. Tenía el deseo por la felicidad eterna pero más deseaba la felicidad temporal que sus bienes y dinero le ofrecían. Pero, por favor, no nos confundamos. Nada tiene que ver el alcanzar la felicidad eterna (la salvación del alma) con abandonar los bienes materiales que poseemos. Jesús solo se lo pidió a aquel hombre porque quería convencerlo que mientras él pensaba que obedecía todos los mandamientos al pie de la letra aquello era solo una falacia. Los mandamientos no se sostienen en la obediencia rígida y ritualista. El éxito espiritual y el cumplimiento de la ley según Jesús, se sostienen en la obediencia por amor. El amor a Dios y también el amor al prójimo serían la clave del éxito espiritual. ¿Por qué fracasó aquel hombre rico? Porque se amaba más a sí mismo de lo que era capaz de amar a los demás. Nunca debemos amar a otros sin amarnos a nosotros mismos. Pero tampoco debemos pretender ser felices amándonos solo a nosotros mismos.

¿Qué tiene que ver el dinero con el amor? Tiene que ver mucho porque dejamos saber a quienes amamos con el uso que le damos al dinero. El amor propio cuando se combina equilibradamente con el amor a otros produce felicidad. El dinero nos ayuda a vivir y a expresar esa felicidad que todos queremos poseer. Recuerdo una telenovela brasileña que veíamos en familia cuando era pequeño. Solo teníamos un tv, así que había que ver un solo programa a la vez. Y la noche era el turno de mi mamá para ver la tele, por lo que el resto de la familia la acompañábamos para entretenernos. Aquella telenovela era una comedia donde uno de los principales personajes era un hombre extremadamente rico pero muy tacaño. El hombre era feliz amasando su riqueza, no quería perder ni un centavo. Su familia sufría las prohibiciones y el tener que privarse de muchas cosas para que el dinero de aquel ricachón tacaño no se acabara nunca. Las privaciones a las que sometió a su esposa e hijos eran ridículas y a la misma vez divertidas. Claro, solo nos divertíamos los televidentes. ¿Te imaginas en la vida real tener que vivir con tantas limitaciones tendiendo un padre rico? Quizás para algunos no sea necesario forzar la imaginación porque les tocó vivir experiencias similares. ¡Qué tragedia! Cuando el amor al dinero es más fuerte que el amor a la familia todo se vuelve insoportable. ¿Y qué de esas familias que se han dividido por causa de herencias repartidas? Me entristece conocer que hermanos ya no se hablan porque se pelearon al morir sus padres y los bienes heredados los terminaron separando. Me recuerda aquel cuento de tres hermanos muy unidos cuyo padre al morir les dejó como herencia una finca para que la trabajaran juntos. Un día los hijos encontraron en aquel campo un cofre lleno de dinero. Los hermanos enseguida se dividieron en su corazón. Dos de ellos planearon pedirle al tercero que llevara el dinero encontrado al banco del pueblo. Pero en realidad habían planeado asaltarlo en el camino y matarlo para luego repartirse su parte entre los dos. Lo que no sabían era que el tercer hermano había elaborado su propio plan. Pensaba quedarse con el dinero y para eso había puesto veneno en una botella de vino. La idea era ofrecerles un trago envenenado a sus hermanos para supuestamente celebrar juntos su fortuna. Creo que ya conoces el final de este cuento. Los dos hermanos asaltaron al tercero cuando regresaba del banco y lo mataron. Y luego, con sangre fría se sentaron a celebrar mientras ambos bebían del vino envenenado. Al tiempo las personas del lugar encontraron a los tres hombres muertos en aquel camino. Y en el banco quedaba una inmensa fortuna que podía haber alcanzado perfectamente para sostenerlos a los tres. Quizás este cuento sea solo eso, un cuento, una historia creada, pero sin dudas que nos brinda una enseñanza clara acerca del amor al dinero. Muchos amando el dinero y la supuesta felicidad que éste nos puede proporcionar terminan renunciando al amor propio. La Biblia dice: *"Es el amor al dinero la raíz de todos los males"* (1 Ti 6: 10a). No, nos es el dinero el problema, sino nuestro corazón. Cuando amamos más al dinero que a nuestra propia vida, eso sí que es un problema.

Entonces, ¿cómo puede el dinero ayudarnos a vivir felizmente? Cuando deje de ser un destino y solo sea un vehículo. En el momento que no miremos al dinero como el causante de la felicidad sino solo como un vehículo que nos conduce en el camino que por sí solo es la felicidad. Por ejemplo, no es la casa que compramos con nuestro dinero la que nos hace feliz. Es la familia con la que adquirimos ese dinero y compramos esa casa para vivir juntos en ella la que hace esa experiencia feliz. No es el carro nuevo el que nos hace ser felices, porque qué pasará cuando ya no huela a nuevo y solo sea un auto viejo. Qué tal si en ese mismo carro, construimos historias juntos. Qué tal si dentro de ese auto, nos reímos juntos y escuchamos las historias que cada familiar quiere compartir. Sí querido lector, el dinero es un vehículo, nunca un destino.

El dinero es un vehículo

Es un vehículo, un medio para honrar a Dios. Proverbios 3:9 dice: *"Honra al Señor con tus riquezas y con los primeros frutos de tus cosechas."* Los seres humanos, como dijo un famoso teólogo de la antigüedad, *"tenemos un hoyo en el corazón que solo se puede llenar con Dios."* Hay una felicidad difícil de describir, solo se entiende cuando se vive. Es la dicha de vivir con la motivación de honrar a Dios con toda nuestra vida. Nuestras finanzas son parte vital de esa experiencia de vivir para la gloria de Dios.

Hay beneficios increíbles detrás de la práctica de la ofrenda. Por supuesto, siempre la fe será un requisito indispensable. Los beneficios de la ofrenda son:

- Es una ventana de oportunidades y favor de Dios ("...os abriré las ventanas de los cielos...") (Mal 3:10b)
- La bendición integral de Dios será visible en la vida de la persona que practica el principio de la honra financiera. ("...y derramaré bendición sobre ustedes hasta que sobreabunde...") (Mal 3:10b)
- Garantiza la victoria sobre el opresor espiritual que se cree con derecho de maldecirnos en el área financiera. ("...reprenderé por ustedes al devorador...") (Mal 3: 11)
- Evita la esterilidad y la debacle financiera ("...ni las vides en los campos perderán su fruto.") (Mal 3: 11)

Le escuché usar a alguien en una ocasión este juego de palabras: *"Dios nos da para que demos, para poder darnos más para que sigamos dando más."* Es un juego de palabras interesante, nos permite ver cómo funciona el principio de la honra a Dios con nuestras finanzas. El secreto detrás de la práctica de la honra financiera a Dios es la felicidad. Si conoces a alguien que practica el diezmo y la ofrenda seguramente conoces a alguien que vive feliz. Esa es una persona que, aunque no tiene una vida perfecta sí está viviendo una vida feliz. ¿Quién no conoce la pasta dental *Colgate*? Lo que muchos no conocen es la historia detrás del creador de la famosa pasta dental.

William Colgate fue un empresario inglés que muy joven emigró a Nueva York en busca de mejores oportunidades de vida. Tuvo que hacerlo en parte porque sus padres sumidos en la pobreza ya no podían sostenerlo más. A los 16 años se ganaba la vida recorriendo las calles vendiendo jabones. Con la venta de jabones ayudaba a su mamá, que ya era viuda para aquel entonces, y pagaba la educación de su hermanita. Un día mientras andaba en sus quehaceres diarios la lluvia lo sorprendió en una calle de la ciudad. Para refugiarse de aquel aguacero decidió entrar a una iglesia y escuchó cuando el predicador narraba la historia de Jacob. El texto de la Biblia que leía el pastor era: *"E hizo Jacob voto, diciendo: Si fuere Dios conmigo, y me guardare en este viaje en que voy, y me diere pan para comer y vestido para vestir, y si volviere en paz a casa de mi padre, Jehová será mi Dios. Y esta piedra que he puesto por señal, será casa de Dios; y de todo lo que me dieres, el diezmo apartaré para ti."* (Gn.

28: 20-22) Cuando el joven William escuchó este relato quedó profundamente impresionado. Al salir de aquella reunión se arrodilló con su cajita de jabón y oró diciendo: *"Dios mío, si me sacas de esta pobreza en que me encuentro, te prometo que durante toda mi vida daré la décima parte de todo lo que gane."* Esa misma noche tuvo un sueño peculiar, en el cual escuchó una voz que le decía: "Aprende a fabricar jabones". Al despertar estaba convencido que aquel sueño era una revelación divina. Ese mismo día obtuvo un empleo en una fábrica de jabones, donde también se fabricaban velas y se procesaba el almidón. Allí fue aprendiendo todo el trabajo de producción y fue escalando en la pirámide empresarial hasta convertirse en socio minoritario de aquel negocio. Tiempo después su socio fallece y Colgate compró a la familia el resto de las acciones del negocio. El dinero iba creciendo mientras William Colgate con fidelidad practicaba el principio de honrar a Dios con todos sus bienes. En 1806 Colgate descubrió la fórmula de la pasta dental e introdujo la innovadora idea de venderlos en tubos que hasta ese entonces no se conocía. La dedicación a su trabajo y su increíble capacidad de administración eran admirables, pero su fidelidad a Dios lo era más. William Colgate comenzó dando el 10% a la obra de Dios, pero poco tiempo después se encontraba dando el 20% y así sucesivamente fue aumentando la cantidad que ofrendaba hasta que llegó a dar el 90% mientras él solo vivía con el 10% de sus ganancias. Con sus finanzas ayudó a familias enteras, a universidades y a misioneros consagrados que llevaban el mensaje del evangelio a naciones distantes.

La persona que usa su dinero para honrar a Dios no solo obtendrá el éxito financiero, también será feliz.

Es un vehículo para practicar la generosidad.

El sabio Salomón escribió acerca de la generosidad: *"El que es generoso prospera..."* (Prov 11:25) Y Pablo el conocido apóstol del evangelio escribió*: "Ustedes serán enriquecidos en todo sentido para que en toda ocasión puedan ser generosos, y para que por medio de nosotros la generosidad de ustedes resulte en acciones de gracias a Dios."* (2 Cor. 9:11)

Si algo puedo decirte con plena seguridad es que Dios respalda a las personas generosas. Y si en algo nos podemos parecer a Dios es en la generosidad. La Biblia dice que Dios por el gran amor que nos tiene *"nos dio a su único Hijo"*. Una misionera cubana me dijo hace varios años atrás: "La mayor muestra de amor la ofreció Dios cuando dio a su único Hijo. Así que, el verdadero amor siempre entrega, siempre comparte lo que tiene valor."

Si usted quiere ser feliz, sea generoso con su dinero. No espere a ser rico para hacer actos generosos. Puede comenzar por invitar a alguien a tomar un café. O dar algo de comer a un necesitado. Puede revisar su ropero y compartir su ropa con otras personas.

Todos hemos sido bendecidos por la generosidad de otra persona. En el año 1999 mi esposa y yo recién casados salimos de nuestro país, Cuba, y nos dirigimos a México. Emigramos como muchos en nuestra Isla, en nuestro caso íbamos sin saber qué nos esperaba. Salvo la persona que había gestionado nuestra visa, no conocíamos a nadie más en México. Esa misma persona nos dejó saber un par de días antes que no podría pasar por nosotros al aeropuerto y que alguien que él conocía nos recogería en el aeropuerto de Ciudad México. Recuerdo como si fuera hoy aquel día. Nosotros acostumbrados al trópico salimos de Cuba en pleno noviembre con ropa bastante veraniega para ser sorprendidos por un frío de cerca de cero grados. Cada vez que nos acercábamos a las salidas de la terminal el frío helado de la parte exterior del aeropuerto calaba hasta nuestros huesos. Aquello añadía sentimientos a nuestra experiencia como nuevos inmigrantes en una ciudad tan gigantesca como la que estábamos a punto de conocer. No puedo mentir diciendo que la estancia en México fue la más placentera pero sí una de mucho aprendizaje y de hermosos recuerdos. Esto último se lo debemos a personas especiales que hicieron que aquellos momentos lejos de nuestros familiares y de nuestra cultura fueran más llevaderos y hasta cargados de cierto grado de felicidad. No puedo olvidar a Jorge y Alicia nuestros anfitriones cada fin de semana. Un matrimonio hermoso que nos esperaba con una sonrisa alegre cada viernes en la tarde cuando viajábamos para estar con ellos en la congregación de su pueblito en el Estado de México donde servíamos Suanly y yo como copastores. Ellos tenían una preciosa casa en un poblado llamado el Tejocote, en las afueras de un conocido pueblo en México llamado Texcoco. Era en este último donde teníamos las reuniones de la iglesia. Sin embargo, los Aguilar quisieron que nosotros fuéramos a vivir con ellos cada fin de semana que estábamos allí trabajando en la congregación. Jorge nos hacía reír con sus bromas y como un niño travieso nos regalaba chocolates que tenía escondidos por toda la casa. *Lichita* por su parte nos cocinaba deliciosas comidas mientras conversaba con nosotros de diversos temas. Con ellos reímos sin parar al igual que con sus hijos y nietos. También lloramos juntos y vivimos experiencias de todo tipo. La primera vez que visitamos el puerto de Acapulco, Guerrero, fue porque Alejandro el hijo mayor de Jorge y Lichita nos invitó a acompañarlo a él y a su familia a aquella hermosa playa. La verdad disfrutamos mucho aquellos momentos con la familia Aguilar. Recuerdo que los domingos en la tarde nos regresábamos a Lomas Verdes donde vivíamos de lunes a viernes en un departamento que era propiedad del Seminario Bautista Mexicano. Siempre como si fuese un hábito que no se podía romper, Jorge aparecía en el último momento y me ponía un billete de 200 pesos mexicanos en mis manos. Al principio me daba mucha vergüenza aceptarlo, pero la verdad que la necesidad que afrontábamos mi esposa y yo nos obligaba a tomar aquel billete y darle un sentido agradecimiento a nuestro querido amigo. Él no lo sabía, pero con esa ayuda semanal nos ayudaba a adquirir la comida y otras necesidades que iban surgiendo en la semana. Mis suegros que vivían ya para aquel entonces en Miami nos ayudaban a poder pagar el departamento y las colegiaturas en el Seminario, pero el dinero no alcanzaba para más. Gracias a la generosidad de Jorge y Alicia podíamos inclusive costear el transporte que nos llevaba cada semana hacia Texcoco y luego nos regresaba a Lomas Verdes. No es sorpresa que mis amigos, los Aguilar, sean personas prósperas. Ellos han sido extremadamente generosos con muchos y Dios no ha fallado en cumplir su promesa de prosperarlos financieramente. Nosotros no fuimos los únicos a los que ellos bendijeron con su generosidad. Recuerdo muy bien aquellos chicos huérfanos de Acapulco a los que ellos ayudaban a sostener. Ayudaban al hogar donde los atendían para que las condiciones de aquellos chicos mejoraran. Les vimos financiar a muchos de aquellos jóvenes que por la edad ya no podían quedarse en el orfanato. Les ayudaron con sus carreras de oficio e inclusive a uno de ellos lo ayudaron a matricular en una universidad cristiana en Florida, EE.UU.

¡Qué bendición tan grande conocer personas como mis amigos! Ser objeto de su benevolencia y generosidad la verdad no tiene precio. Solo podemos pagarles su amor con mucha gratitud. Y por supuesto decidiendo ahora ser nosotros generosos con otros, así como ellos supieron serlo con nosotros. Por el testimonio de la familia Aguilar puedo decir que ser generoso bendice. Lichita ya no está más entre nosotros, esa increíble mujer se nos adelantó a la eternidad. Quizás muchos puedan decir que de nada valió su gran corazón porque al final de su vida tuvo que pelear con una dolorosa enfermedad. Lo cierto es que yo puedo decir que a pesar de la prueba que experimentó ella supo vivir su vida al máximo hasta el último minuto. Recuerdo la última vez que nos vimos. Ellos y dos de sus hijos, junto a su nuera Elsa, pasaron por mí al aeropuerto Benito Juárez de Ciudad México. Solo tenía un par de horas para compartir con ellos antes de dirigirme a un colegio en la ciudad donde impartiría una conferencia para padres de familia. Pero ellos quisieron verme e invitarme a un excelente restaurante brasileño cerca del aeropuerto. Comimos delicioso pero la charla y el compartir fue lo que más disfruté. Lichita ya se veía deteriorada por la enfermedad sin embargo sacaba fuerzas no sé de donde para hacer de aquel momento una velada agradable. Nunca mintió acerca de su enfermedad ni se negó a hablar de sus terribles dolores. Pero paradójicamente, Alicia sonreía al hablar de cómo el Señor escuchaba sus oraciones y terminaba calmando eso dolores. Licha aprovechó aquellos momentos para contarme historias de amigos misioneros y hacerme partícipe del estado de otros en la familia a los que también llegué a conocer. Aún en la condición en que ya se encontraba no paraba de preguntarme qué deseaba llevarme conmigo de regreso a Miami. Ella quería bendecirme con algo, uno que otro regalo para Suanly y los muchachos y también para mi suegra Marina a quien llegó a apreciar mucho. ¡Qué grandeza la de esta mujer! ¿Crees que desperdició su vida? No querido, ella sí que vivió la vida al máximo y fue feliz. Vivió para hacer felices a otros y supo derrochar generosidad en donde quiera que iba. En el 2020 supimos de su partida y nos unimos virtualmente a la celebración de su vida. En su casa la familia y amigos abarrotaban las habitaciones. Y a través de una plataforma virtual éramos muchos más los que llorábamos y reíamos con las anécdotas de la vida de Lichita. Y todos sin excepción compartíamos cómo ella marcó nuestras vidas con su increíble personalidad y su inmensa generosidad. De personas como Alicia he aprendido que la vida vale la pena vivirla para bendecir a muchos y amar a Dios. El alma generosa, no hay dudas, prosperará.

El dinero es un vehículo para bendecir a nuestra familia.

En la Biblia leemos declaraciones como estas que les comparto a continuación: *"Es bueno dejar herencia a los nietos…"* (Pr. 13:22) y *"Riquezas y perfumes hay en la casa el sabio…"* (Pro 21: 20) Por su parte, Pablo con su acostumbrada sabiduría escribe lo siguiente: *"porque si alguno no provee para los suyos, y especialmente para los de su casa, niega la fe y es peor que un incrédulo."* (1 Tim. 5:8) De los versículos anteriores inferimos que el dinero puede o no bendecir a nuestra familia. También expresan que la manera en la que usamos nuestras finanzas revela si nuestra fe es genuina o no. Es cierto que la gran mayoría de los seres humanos no hemos sido entrenados en tener una educación financiera. Más bien hemos sido condicionados a encontrar placer en el gastar y consumir más que en construir una herencia. Los judíos son de las pocas culturas en el mundo que entrenan a los suyos desde pequeños para que obtengan una inteligencia financiera que les permita construir temprano en la vida su estabilidad económica. Es parte de la cultura familiar de muchas familias judías el dejar herencia a sus hijos y nietos. Un amigo de la niñez emigró a los Estados Unidos y conoció a una joven judía-americana con la que contrajo matrimonio. Estuvimos en su boda y disfrutamos mucho la fiesta. La tradición judía tiene detalles interesantes que incluyen en la ceremonia de bodas. Una parte de la ceremonia judía tradicional es la que ellos llaman *Ketubá*. Es el momento en el que el rabino que oficia les comparte a los novios las implicaciones del pacto matrimonial. Y el novio debe hacer una promesa a la novia donde declara que siempre proveerá para su esposa e hijos y que todo esto será una expresión de amor y cuidado. Nuestra cultura no judía también tiene su tradición en la ceremonia de bodas conocido como los votos donde la promesa de cuidado y provisión financiera juega un papel importante. Más allá de nuestro trasfondo religioso y cultural, todos hemos sido enseñados que proveer para la familia es una bendición en lugar de ser una triste responsabilidad como la ven algunos. Volviendo a la boda de mis amigos, y a la cultura judía de la esposa, hubo algo que me impresionó. Ellos amueblaron la casa que compraron con los mismos muebles que los abuelos de ella habían amueblado su casa cuando comenzaron su vida matrimonial. Aquellos muebles habían estado en la sala de la casa de los abuelos, pero de allí se habían mudado a las salas de estar de muchas casas de aquella familia. Ahora les tocaba el turno a nuestros amigos, y ellos eran responsables de cuidarlos para pasarlos a la próxima pareja de la familia que celebrara su boda. Es un detalle que puede ser insignificante, pero a la vez revela el valor que las familias judías le dan al principio de dejar herencia a sus descendientes.

Añadimos felicidad a nuestra vida familiar cuando manejamos bien nuestra economía. Debemos crear ambientes familiares donde pequeños y grandes se sientan seguros al respecto inclusive cuando sean zarandeados por las crisis financieras. Claro, también es muy necesario nuestra fe en Dios para añadir seguridad financiera a nuestra familia. Provengo de un país al que se le prohibió construir riquezas individuales desde el 1959. La economía de estado se estableció como algo dominante. Todos, sin excepción, se convirtieron en empleados del estado, y más que un salario lo que comenzaron a recibir fue una especie de cuota monetaria para cubrir las necesidades básicas. Así que de alguna manera cuando emigré a México y luego a los Estados Unidos no tenía ni idea de cómo manejarme financieramente. No sabía ni tan siquiera llenar un cheque para hacer un pago. El presupuesto familiar nunca había sido tema de conversación mientras crecía. Y mucho menos había sido entrenado en construir riquezas. No es de extrañar que me costara mucho hacer un cambio de mentalidad y aceptar la idea de ser responsable no solo por el presente financiero de la familia sino también por la herencia que dejar a mis hijos. Pero independientemente de sí crecimos o no educados financieramente debemos volvernos responsables de la estabilidad financiera de nuestra familia. Podemos enfrentar crisis y ser golpeados por los imprevistos de la vida. Sin embargo, cómo respondemos a ellos nos puede hundir a nos puede ayudar a salir a flote. A pesar de los embates que recibamos debemos estar comprometidos en ser de bendición a nuestra familia y siempre que podamos practicar los principios financieros que nos ayudan a vivir con estabilidad económica. Nuestros hijos deben crecer en ambientes de seguridad económica, y saber que sus padres son responsables financieramente. Esto no solo los ayuda emocionalmente, sino que les permite aprender cómo deben manejarse ellos financieramente en el futuro. Además, bendecimos a nuestros hijos cuando añadimos a nuestro sentido de responsabilidad, la fe. Nunca debemos renunciar a la idea de que Dios quiere bendecirnos y proveer para nuestras necesidades. Él es mucho más que un Creador distante es un Padre cercano que disfruta el bendecir a sus hijos.

No importa lo que nos suceda en la vida y lo que atente contra nuestra estabilidad financiera. Debemos siempre estar comprometidos con bendecir a nuestra familia cueste lo que cueste. No olvidemos esta verdad, el dinero nunca será el destino en el que encontraremos la felicidad, pero siempre será un vehículo para conducirnos por esa carretera que llamamos vida y que es donde en realidad se construye día a día la felicidad

Profesión: El tren de los sueños

Desde hace varios años se viene hablando de la *depresión blanca*. Pero, ¿qué es la *depresión blanca*? Es un tipo de depresión que no se muestra, no ofrece síntomas visibles hasta que ocurre un episodio que sirve de detonante para que esta se exprese. Las personas que padecen este tipo de depresión puede que no den signos de la enfermedad cuando se relacionan con otros. Inclusive se ha demostrado que pueden adaptarse bastante bien a diferentes ambientes y a situaciones de cambio. Lo único es que no logran encontrar satisfacción y mucho menos encontrar el sentido de la vida. Los síntomas de esta enfermedad son el desinterés, la apatía, el aburrimiento prolongado, la indiferencia hacia personas y situaciones y la confusión persistente. Un estudioso de este padecimiento dice al respecto: *"En los casos de depresión blanca es como si hubiera un cortocircuito en la dinámica del deseo y del placer. Nos remite a aquello que no está, que no llegó, que no pudo ser y que al no hacerlo dejó una huella traumática en la psique."* Pueden ser muchas las causas de esta clase de depresión sin embargo creo que una causa determinante es la desconexión que los jóvenes en su mayoría tienen con su propósito de vida y su vocación. No es de extrañar que la depresión blanca afecte más a jóvenes que a adultos. Y que además sea más recurrente en los países occidentales ricos que en aquellos en vías de desarrollo. Se enseñó a pensar a niños y jóvenes que la búsqueda de una profesión tiene que ver más con ventajas económicas que sueños realizados. Y en un mundo donde más de la mitad de las familias han logrado vivir por encima de los niveles de pobreza los niños y jóvenes pueden desmotivarse a estudiar o realizar alguna profesión para obtener ventajas económicas que ellos sienten que ya gozan en el hogar de sus padres. Así que a las incidencias de depresión blanca se suma los números cada vez más altos de hijos adultos que no tienen ningún interés de dejar la casa de sus padres. Es decir, cada día vemos más casos de jóvenes que se niegan a construir su propia vida adulta y prefieren seguir viviendo en las comodidades del hogar de sus padres. Y aunque por un lado esto les gusta por otro los afecta emocionalmente. Es que nadie existe con la capacidad de vivir desconectados de su propósito y ajenos a una vocación de vida. Por eso la vida feliz se construye también alrededor de la profesión y el trabajo. La profesión debe expresar quiénes somos y debe ser algo por medio de lo cual desarrollemos placer y satisfacción personal. Por mucho tiempo hubo un criterio reforzado por conceptos religiosos que decía que el trabajo en sí es una maldición, un resultado del pecado original cometido por el primer hombre y la primera mujer. Eso no es cierto, una simple lectura de la Biblia y en especial de Génesis capítulo dos nos deja ver que el trabajo ya existía antes de la caída y la desobediencia del ser humano. Génesis 2: 15 dice: *"Dios el Señor tomó al hombre y lo puso en el jardín del Edén para que lo cultivara y lo cuidara."* Y si seguimos leyendo no encontraremos ningún detalle aún de la más mínima desobediencia. Esta solo aparece a partir del capítulo tres del Génesis. Y es allí en relación con la desobediencia de Adán que Dios dijo: *"...Por cuanto le hiciste caso a tu mujer, y comiste del árbol del que te prohibí comer, ¡maldita será la tierra por tu culpa! Con penosos trabajos comerás de ella todos los días de tu vida. La tierra te producirá cardos y espinas, y comerás hierbas silvestres. Te ganarás el pan con el sudor de tu frente, hasta que vuelvas a la misma tierra de la cual fuiste sacado. Porque polvo eres, y al polvo volverás».* **(Gn. 3: 17-19)** No fue el trabajo en sí la consecuencia que el hombre sufriría por desobedecer sino el cansancio y las cargas de un trabajo infructuoso en una tierra estéril. Nunca trabajar ha sido una maldición todo lo contrario. Bien lo dijera el prócer cubano José Martí: *"El trabajo ennoblece."* Y un proverbio chino dice: *"Darle a un hijo mil onzas de oro no es comparable a enseñarle un oficio."* Muy sabia comparación la que este proverbio brinda. El oro se puede gastar pero el oficio siempre generará ganancias monetarias y producirá placer emocional. Es el trabajo impuesto el que maldice, la esclavitud moderna a la que muchos son sometidos a fin de pagar sus cuentas cada mes. Pero el trabajo y la profesión que se conecta con nuestra vocación produce felicidad garantizada. Un conocido coach de la NBA dijo en una ocasión: *"Soy un hombre exitoso, porque hago lo que me gusta y además me pagan por hacerlo."*

Dios creó el trabajo y puso en nosotros sueños que solo se hacen realidad cuando los encarrilamos en el tren de la profesión. La persona más dichosa no es aquella que hace lo que la enriquece sino la que trabaja en lo que la realiza. Claro está que necesitamos una economía sólida y estable. Ya eso lo enfatizamos en el capítulo anterior. Sin embargo, no podremos ser completamente felices hasta que nos realicemos en el área profesional. Thomas Alba Edison solía decir: *"Si hiciéramos todas las cosas que somos capaces de realizar nos sorprenderíamos a nosotros mismos."*

Somos felices cuando logramos hacer todo para lo que fuimos creados.

El profeta Isaías dijo de Jesús: *"Verá el fruto de la aflicción de su alma, y quedará satisfecho..."* (Is. 53:11) Jesús supo para qué había venido y se gozó en cumplir su propósito. Nuestra satisfacción está en nuestra asignación. Somos felices cuando hacemos aquello para lo que fuimos creados. ¿Por qué Pedro lloró cuando negó por miedo a Jesús? Es obvio que la tristeza lo embargó por traicionar a su Señor pero también porque había cambiado temporalmente su propósito en la vida por su seguridad personal. ¿Qué le dijo Jesús cuando lo buscó en la playa después de la resurrección? Aparte de preguntarle tres veces acerca de su amor por él, Jesús lo afirmó en su propósito diciéndole en tres ocasiones: "pastorea mis ovejas". Al perdonarlo también lo estaba restaurando a su propósito y vocación en la vida. Allí se encontraba encerrada la realización personal de aquel hombre llamado Pedro. Y allí se encuentra encerrada la realización personal de cada uno de nosotros. El perdón de Jesús nos liberta, pero su propósito nos realiza. Pedro había tenido por años un trabajo: *pescador*. Pero ahora al caminar con Jesús había descubierto su propósito y verdadera vocación. Si su error y su traición lo habían separado de esta realidad esto significaba su final. Pero Dios no nos quiere ver separados de nuestra vocación sino todo lo contrario. La Biblia dice: *"Dios cumplirá su propósito en mí…" (Sal. 138:8)* No lo dudes ni por un instante el Dios que te creó preparó un propósito para ti y en eso encerró gran parte de tu felicidad. Cuando seguimos leyendo el mismo verso del Salmo 138 nos sorprende ver como el escritor del Salmo enfatiza la misericordia de Dios. Él dice: *"Tu misericordia, oh Jehová, es para siempre, no desampares la obra de tus manos."* (Sal 138:8b) David sabe muy bien que aunque el propósito que Dios le asignó es esencial para vivir feliz no faltarán las situaciones que intenten provocar el que él mismo aborte ese propósito. David fue una persona que amó a Dios profundamente y cumplió su propósito como rey, profeta y adorador. Sin embargo, David era un hombre que era arrastrado por sus propias pasiones. El salmista sabía muy bien que la asignación que Dios le había dado se veía amenazada por sus errores personales. Pero él conocía un secreto: Dios quería cumplir su propósito en su vida, y por eso estaba dispuesto a tratarlo con benevolencia y misericordia. David no demoraba pedirle a Dios misericordia y que nunca él, la obra maestra de Dios, fuese desamparada.

Tenemos a Dios de nuestro lado si vivimos para cumplir su propósito. Hacer realidad los sueños de Dios implica renunciar a nuestro egoísmo y deseo personal de hacer las cosas a nuestra manera. Y Dios bendice y respalda a aquellos que renuncian a sus deseos egoístas para hacer realidad los sueños que Él siempre tuvo con ellos.

Hubo un hombre llamado Jacob, era hermano gemelo de otro hombre llamado Esaú. Cuando analizo la vida de ambos hombres siempre concluyo que Jacob cometió más errores que Esaú. Sin embargo, la Biblia dice: *"A Jacob amé, mas a Esaú aborrecí."* (Ro 9:13) Hay muchas teorías para justificar esta decisión divina. Pero creo que un detalle simple en la vida de Esaú nos deja ver por qué fue aborrecido. Vendió su lugar como hijo primogénito solo por el placer de saciar su deseo de comer las lentejas de su hermano. Jacob por su parte luchó por ser bendecido, y no lo hacía solo por deseos egoístas, sino porque sabía que esta bendición alcanzaría a su descendencia. No es de extrañarse que cuando Dios tuvo que escoger a uno de los dos hermanos para ser el patriarca de la nación de Israel se decidiera por Jacob y no por Esaú.

Somos felices cuando cumplimos nuestra vocación porque esto aumenta nuestra motivación. ¿Recuerdas uno de los síntomas de la depresión blanca? Exactamente, es la falta de motivación. Pero cuando vivimos haciendo lo que nos gusta resulta todo lo contrario. Darle rienda suelta a nuestros sueños profesionales al cumplir nuestra vocación nos energiza y llena de una motivación muy saludable. Las personas más creativas no son las que tienen las mejores ideas sino las que más motivadas están. De hecho, las grandes ideas surgen cuando tenemos la mente conectada al corazón. Hay una posición ejecutiva que se abre paso en el mundo empresarial moderno. Me refiero al empleo de personas a las que se les paga solo por pensar. John Maxwell en uno de sus libros se refiere a una de estos pensadores. Una exitosa mujer que solo gana por pensar. Su oficina no tiene más que una silla de escritorio y un gran ventanal con una vista espectacular del distrito comercial de la ciudad. Y ella pasa largas horas pensando e ideando nuevas cosas para la empresa. Sus ideas cuestan miles de dólares, pero sobretodo aportan mucho más dinero a la empresa. Estoy seguro que si le preguntáramos a esta mujer si esto le ocurre en todas las esferas de la vida y en todos los rubros económicos lo más probable que nos dé un rotundo no. Su creatividad, el poder de sus ideas de seguro está conectada a la grandeza de su vocación.

¿Conoces a Richard Montañez? Este individuo de origen latino que en el 1976 fue contratado por la compañía Frito Lay para limpiar los pisos de las oficinas. Pero en 1990 ofreció una idea a los ejecutivos de la compañía que les permitió ganar mucho dinero. Este hombre hijo de inmigrantes mexicanos sería el creador de los famosos Flamin' Hot Cheetos, la popular fritura que fabrica la filial de Pepsi. El empleado se llevó a casa una muestra del producto y comenzó a probar cómo sabía este si estuviera cubierto del picante del que tanto gustan millones de personas en el país. Mientras experimentaba con el producto de Frito Lay recordó un video en que el dueño de la empresa, Roger Enrico, pedía a sus empleados a que actuaran cómo dueños y se involucraran más en la empresa para hacerla mejor. Su idea al ser bien recibida por los ejecutivos hizo que para el 2010 Frito Lay fuese una compañía de 4000 millones de dólares en ventas anuales a nivel mundial. Y por supuesto, Montañez pasó de ser empleado de limpieza a ser el vicepresidente de ventas de la empresa. Este hombre es reconocido en la actualidad como el "padrino de la mercadotecnia multicultural". El logro profesional de este hombre estuvo arraigado a la pasión de su corazón. Su fuerte deseo de ofrecer a su cultura un producto mejor elaborado y con sabores que evocaran los del país de origen fueron suficientes para regalarle el éxito. Mientras muchos se concentran en obtener el éxito los ganadores se concentran en hacer realidad sus sueños. Desairé-Joseph Mercier dijo: *"No sólo debemos dar lo que tenemos, también debemos dar lo que somos."* Vive feliz aquel que aprende a hacer lo que mejor lo revela. Vive feliz aquel que vive para hacer aquello para lo cual fue creado.

Relaciones: Aprendiendo a hacer felices a los demás

¿Puede un ser humano vivir completamente solo? No podemos prescindir de las relaciones, nos necesitamos unos a otros para alcanzar la felicidad. La neurociencia ha descubierto el poder del toque personal y como la hormona asociada a la felicidad aumenta cuando tenemos contactos físicos con las personas que amamos. En 1945, el médico austriaco René Spitz estudió un orfanato que le ofrecía cuidados adicionales a los niños para evitar que contrajeran enfermedades. Los niños recibían atención y alimentación de extrema calidad. Sin embargo, fueron privados del contacto físico para evitar contagios. El resultado fue que el 37% de aquellos niños murió antes de los dos años. El contacto físico y los vínculos afectivos son esenciales para la salud integral de las personas. Las personas que crecen en ambientes donde el contacto físico y las expresiones de cariño son la norma son más saludables y más exitosos profesionalmente. El famoso estudio Grant que analizó a estudiantes de Harvard en la década del 40, logró demostrar que las personas que crecieron en hogares más amorosos recibieron el doble de ganancias en sus profesiones después de graduarse que aquellos que no tuvieron la misma suerte de hogar. ¿Será coincidencia lo que arrojaron estos dos estudios? Por supuesto que no, además de que no son los únicos que demuestran el poder del afecto. Las relaciones humanas fueron creadas para provocarnos felicidad.

El teólogo y poeta americano Thomas Merton escribió un libro titulado: *"Los hombres no son islas"* en el que describió nuestro profundo vínculo con las personas que nos rodean. Eso a pesar de todo intento de alejarnos y desvincularnos unos de otros. No podemos renunciar a las relaciones humanas. Intentarlo solo acelera nuestra desgracia. El apóstol Pablo escribió: *"Por lo tanto, ustedes ya no son extraños ni extranjeros, sino conciudadanos de los santos y miembros de la familia de Dios."* (Ef. 2: 19) Es el plan de Dios que habitemos en familia. El mismo Dios ha vivido en una familia divina desde la eternidad. La deidad existe como Padre, Hijo y Espíritu Santo. Parte de la plenitud de Dios consiste en existir en familia. Dios nunca está solo siempre habita en familia. En Génesis leímos que el propio Dios dijo que no era bueno que el hombre estuviera solo y le creó a la mujer. Ahora se tenían el uno al otro y ambos a Dios. Luego la familia creció cuando llegaron los hijos y se fue multiplicando la raza. Las relaciones son importantes, son esenciales para alcanzar la felicidad que cada uno anhela tener.

Escucho a veces a personas resentidas que dicen ser felices ahora porque están solos. Entiendo que esos son los sentimientos engañosos que surgen en un corazón herido. Pero la solución para el corazón herido no es la soledad sino la sanidad. Nunca abraces la soledad y la separación como la solución. Si tu corazón ha sido herido necesitas sanarlo. Echa mano del perdón con la fuerza que Dios te da y decide vivir libre de esas experiencias enfermizas. Reconozco que no siempre podemos continuar relacionándonos con algunas personas. Y eso aplica inclusive a relaciones importantes como el matrimonio. Pero como dice la Biblia, *"en lo que dependa de nosotros estemos en paz con todos."* (Ro 12: 18) Si las relaciones no funcionan más que no sea por causa nuestra. Y si tenemos que vivir el final de alguna relación importante que jamás eso sirva para hacernos creer que la soledad es la clave de la felicidad. Necesitamos construir relaciones saludables con las personas importantes de nuestra vida.

Necesitamos tener una relación saludable con Dios. Todos los seres humanos nacemos con la desventaja de ser pecadores. Lo que al nacer es solo herencia con el tiempo se vuelve también una práctica. El pecado heredado y practicado nos separa de Dios. Pero eso no es lo que Dios quiere. Él quiere estar cerca de nosotros, y construir una relación bendita de la que podamos disfrutar para siempre. ¿Qué hizo Dios para poder acercarse a nosotros? Pablo escribió: *"Porque Cristo que es nuestra paz: de los dos pueblos ha hecho uno solo, derribando mediante su sacrificio el muro de enemistad que nos separaba, pues anuló la ley con sus mandamientos y requisitos. Esto lo hizo para crear de los dos pueblos una nueva humanidad al hacer la paz, para reconciliar con Dios a ambos en un solo cuerpo mediante la cruz..."* (Ef. 2:16)

Dios anhela nuestra amistad. Y para lograrla levantó una cruz y en ella dejó morir a su único Hijo. Luego poderosamente Jesús resucitó y abrió el camino a una relación eterna con el Creador como nuestro Padre. Existe la tendencia a pensar que Dios es un ser distante y enojado. Un ancianito uraño que desea destruir a todo el que intente acercársele. Pero no es así, la Biblia lo revela como un Padre amoroso que busca tener una relación de amor con todos los seres humanos. Es verdad que hay un abismo de separación entre nosotros y Él. Pero ya vimos cómo el mismo Dios resolvió el problema de nuestra separación ofreciendo un puente de carne y hueso, ofreciendo a Jesús. Por medio de Jesús podemos llegar a tener una relación cercana y eterna con la persona más importante de todo el universo.

Te cuento un poco de mi experiencia de conocer a Dios y desarrollar una relación de confianza con Él por los últimos veintinueve años. Nací en un hogar que en términos espirituales siempre lo consideré mixto. Mi papá se consideraba ateo (aunque yo considero que era más un agnóstico que un ateo), mi madre por su parte había sido influenciada por mi abuela en la fe cristiana. Cuando era pequeña y hasta la temprana adolescencia mi madre visitaba una iglesia evangélica acompañada de mi abuela y dos de sus hermanos. Luego en la medida que la situación política en Cuba fue cambiando más y más, la fe de muchos se volvió algo privado. La familia de mi mamá no fue la excepción. Mi abuelo, que no visitaba la iglesia, prefirió que sus hijos se alejaran de aquella congregación y así pudieran tener la oportunidad de ser universitarios. Mi madre y sus dos hermanos mayores fueron desarraigados de su herencia espiritual y se les pidió que se concentraran en sus estudios. Mi abuela y mi bisabuela por su parte siguieron asistiendo a la iglesia, ese era el trato. Si la iglesia era cosa de mujeres y ancianos no afectaba la vida familiar. Pero a pesar de la distancia de la iglesia el corazón de mi madre nunca se distanció de Dios. Ella conservaba una Biblia desgastada por el uso y por el tiempo. Recuerdo desde pequeño verla leyendo aquel libro gastado en las primeras horas del día. A los cuatro años de edad mi papá fue transferido a trabajar en una empresa en la ciudad donde yo había nacido. Habíamos vivido en otra ciudad por los últimos tres años. Pero debido a problemas de salud de mi papá lo habían transferido a una empresa en la que por cierto el director era un tío mío. Por causa de aquel cambió de trabajo vinimos a vivir a una casa que quedaba en la calle siguiente adonde mi padre tenía su nueva oficina. Coincidentemente esta nueva casa quedaba frente por frente a una iglesia Bautista. Así que con cuatro años de edad comencé a ser cautivado por los cantos y la vida de aquella iglesia a la que observaba desde la ventana de mi habitación. Fue así como comencé a hacer preguntas sobre la fe. Y mi madre se percató de que se me había despertado un interés inusual por las cosas de Dios. A partir de aquel entonces, cada día se sentaba al pie de mi cama y me narraba una historia de la Biblia. Mi mamá siempre gozó del don de la comunicación, además de que por profesión era pedagoga, una persona muy conversadora. Así que le era muy fácil hablar de cualquier tema y disfrutaba al hacerlo, por si fuera poco. No olvidaré jamás aquellos días de mi niñez perdido en mi imaginación escuchando a mi madre narrarme las historias de la Biblia. Ella era un tanto fantasiosa y considero que tenía una ingenuidad infantil. Sus explicaciones e interpretaciones de la Biblia eran entonces muy divertidas y esto sirvió para que me enamorara de aquel libro que mi madre leía.

Sin embargo, nunca lo leí por cuenta propia hasta los 16 años. Siempre fui un ávido lector, leía de todo, pero curiosamente nunca sentí la necesidad de leer aquel libro. Aquel libraco antiguo era el libro de mi madre y prefería que ella me lo interpretara a su forma. Pero en mi adolescencia las cosas cambiaron drásticamente. Me encontraba postrado en una cama por una hepatitis severa que demoró once meses. En aquel proceso que era el tercero después de dos eventos más en los que mi salud se había quebrantado mucho, fue que la Biblia se convirtió en mi lectura preferida. Y fue mi propia madre la que provocó que yo leyera la Biblia. Un buen día se acercó a mi cama y me entregó un librito de portada negra y en sus lados de color rojo. Era una Biblia que Migdalia, la esposa del pastor de la iglesia Bautista me enviaba de regalo. Y mami al darme la Biblia me dijo: *"Hasta hace bien poco te leí la Biblia pero a partir de ahora es tu decisión si la lees o no."* Era la segunda vez en mi vida que mi madre me retaba de esa manera en relación a la fe. La primera vez fue a mis ocho años cuando me dijo: *"Tu padre dice que Dios no existe y yo digo que sí. ¿Cómo sabrás quien tiene la razón? Debes hablar con Dios y si Él no contesta, tu padre tiene la razón, pero si Dios sí te contesta, ya sabrás tú hijo que hacer con eso."* Y gracias a aquella primera vez que fui retado desde los ocho años comencé a dialogar con Dios, como lo hacemos con un amigo al que le tenemos mucha confianza. Y ahora, ocho años después allí está ella otra vez, retándome a leer la Biblia. ¡Cuánto le agradezco a mi madre el que me haya retado a leer la Biblia! La lectura de este libro ha cambiado mi historia personal y se ha convertido en el acicate de mi vida. Desde entonces mi vida no ha sido la misma. En aquella experiencia de estar enfermo a mis 16 años comencé a experimentar un vació existencial muy grande. Al principio pensaba que se trataba de la enfermad, pero luego cuando me recuperé y podía llevar mi vida normal aquella sensación de vacío continuaba. Yo mismo no entendía por qué, era amado por mis padres, mi única hermana me prodigaba mucho cariño, tenía buenos amigos y era hasta popular en la escuela. Sin embargo, mi vida no tenía sentido, me encontraba vacío, no tenía propósito definido, en fin, mi realidad emocional era deprimente. Lo curioso es que no lo exteriorizaba, lloraba en secreto mi infelicidad. Mis padres no lo supieron nunca, en realidad nunca nadie lo supo. A la única persona que le comenté mi situación fue a un joven de la iglesia al que conocía desde que éramos niños. Felipe no había crecido en la iglesia y su situación en el hogar era muy similar a la mía. Su madre había crecido en un hogar evangélico y su padre era un ateo. Así que Felipe había crecido al margen de la fe. Siempre fue un muchacho alegre, muy buen bailador de break dance. Yo admiraba su habilidad para hacer la araña, eso a pesar de que él pertenecía a un grupo de bailadores que eran rivales del grupo con el que yo me codeaba. Cuando me sané de mi enfermedad del hígado y comencé a visitar la iglesia me sorprendí al ver a Felipe. Aunque siempre había sido un muchacho alegre su alegría ahora era diferente y muy contagiosa. Por eso me sentí con la confianza de abrirle mi corazón, era obvio que él había descubierto algo que yo no tenía. Felipe me ayudó a crecer en mi fe. Mi relación con Jesús ya existía, pero la verdad muy incipiente. Comencé a visitar un grupo que se reunía en la casa de Felipe solo para estudiar la Biblia. Y curiosamente, Raymundo, el líder de aquellos estudios había escogido nada más y nada menos que la epístola del gozo, la carta de Pablo a los Filipenses. Descubrí a un Dios cercano en aquellos días, un Ser que amaba relacionarse conmigo y que sin importar mi situación quería inundarme con su gozo y hacerme feliz. Pude ver que yo no era el único que deseaba aquella amistad con Jesús y que ya había otros como mi amigo Felipe que ya habían desarrollado aquella amistad. A partir de aquella temporada en mi vida, Jesús fue mucho más que un Salvador sufrido colgado en una cruz, comenzó a ser mi amigo más cercano, mi amigo fiel que no se ha separado de mí a lo largo de los años. Ya suman treinta años desde aquella primera vez que oré pidiendo a Jesús que fuera mi Salvador. Ya han pasado tres décadas y la amistad sigue en pie. Aunque debo reconocer que ha sido Él y no yo el que lo que ha hecho posible. Mi querido lector, Jesús quiere también tener una amistad profunda contigo. Él lo desea profundamente pues sabe que de esto depende en gran manera el que seas feliz. Como yo, también necesitas una amistad con Jesús.

Necesitamos desarrollar las relaciones importantes de nuestra vida.

Hay relaciones que yo las llamo por "defecto", es decir, no las escogimos, cuando nacimos ya ellos estaban allí, eran parte de nuestra familia y nos teníamos que relacionar sí o sí con ellos. En ese grupo de personas que siempre han estado en nuestras vidas se encuentran nuestros padres por supuesto, luego se añaden nuestros hermanos y el resto de la familia. Sin embargo, aunque nos unen lazos consanguíneos con todos ellos no siempre esas relaciones funcionan. La causa de que muchas de las relaciones familiares estén rotas se deben a la manera en la que nos relacionamos, pero sobre todo a cómo reaccionamos a los errores de nuestros familiares. Somos tan susceptibles a la ofensa que cuando resultamos siendo víctimas de la misma respondemos con enojo y resentimiento. Por otro lado, cuando somos nosotros los que ofendemos intentamos minimizarlo y hacer lucir a la otra persona como exagerada. ¿Cuál es el resultado de esa dinámica en las relaciones? El resultado son relaciones tóxicas, permeadas por el resentimiento y la falta de perdón. Debemos decidir tener relaciones familiares saludables. Entender que ellos siempre serán nuestra familia nos debería llenar de la fuerza para luchar por relaciones funcionales. Quizás deberíamos cambiar el criterio de pensar que nuestros familiares nunca nos deberían ofender. La realidad es que en la mayoría de los casos nuestros familiares no quieren ofendernos, más bien la ofensa resulta de tener opiniones diferentes o de manejar emocionalmente distinto las situaciones. No debemos esperar a que sean ellos quienes se disculpen, sino estar siempre preparados para disculparlos todo el tiempo. Yo sé que no se siente agradable estar disculpando a personas que no son capaces de reconocer que se equivocaron. Pero lo cierto es que ellos pertenecen a nuestra familia, llevan nuestra sangre, y nos necesitamos unos a otros. No siempre necesitamos hacer solo lo que nos resulta agradable sino también lo que nos sana el alma. La verdad es que a veces esperamos a que sea demasiado tarde en la vida para reflexionar al respecto e intentar actuar diferente. En ocasiones resulta un poco tarde para muchos. La verdad es que deberíamos ser prontos para disculpar y manejar nuestros sentimientos en relación a la ofensa de manera que podamos sacarla rápido de nuestra vida. Claro que hay un lado positivo de sentirnos ofendidos. Solo será así cuando nos ayude a valorar objetivamente las relaciones, ver qué no está funcionando bien y confrontar en amor a la otra persona con la intención de invitarla a la reflexión y al cambio. ¿Qué no siempre sucede lo que buscamos? Es verdad, pero si crecemos nosotros en el proceso eso siempre es ganancia. Lo ideal es que todos mejoráramos en las relaciones, pero no depende de nosotros producir la madurez en otros, solo provocarla.

La felicidad depende mucho de cómo nos va en las relaciones familiares. Cómo nos relacionamos con nuestros padres, hermanos y familia extendida es determinante para vivir felices. No pretendamos dejarles a ellos toda la responsabilidad de construir relaciones que nos hagan felices. Nosotros somos los responsables de que eso suceda. Insisto, expectativas menos altas de los demás y la disposición de disculpar rápido sus equivocaciones nos ayudará a mantener los niveles de felicidad balanceados en esa área de nuestra vida.

Hay otras relaciones importantes que todos tenemos, son las que construimos.

Los amigos y la pareja entran dentro de esta categoría. Ellos no estaban necesariamente en nuestra vida cuando nosotros nacimos. Los conocimos después, quizás en el vecindario donde crecimos, o en el colegio al que fuimos, o tal vez en los muchos lugares y situaciones en los que nos hemos encontrado a lo largo en nuestra vida. Lo cierto es que la amistad es necesaria y produce ese grado de felicidad que todos necesitamos. La necesidad de amigos varía en dependencia de cuan relacionales o no seamos. Pero aun hasta los más introvertidos necesitan tener amigos. Es bueno encontrar a esos pares en la vida. Aquellos que no tienen la edad de nuestros padres, que no molestan como nuestros hermanos. Esos amigos de la misma edad, que viven situaciones similares a las nuestras, o que tienen motivaciones similares. Ellos temen lo que tememos y disfrutan con las mismas cosas. Necesitamos a aquellos que viajan en la misma dirección pero que también lo hacen al mismo ritmo que nosotros. ¿Qué adolescente no disfruta la compañía de sus amigos? Reír juntos, aunque sea por una tontería, vale la pena. Y tener personas que son sinceras y nos apoyan a lo largo de la vida, la verdad no tiene precio. Pero esas relaciones también están sujetas al cambio y algunas no pueden sobrevivir a las etapas de conflicto.

El Dr Ralph Neighbour es un especialista en grupos pequeños. Ha trabajado con iglesias en todo el mundo ayudándolas a crear grupos pequeños donde las personas de esas congregaciones puedan tener espacios idóneos para relacionarse y poder crecer juntos. En sus conferencias él enseña no solo cómo crear la estructura de esos grupos, sino que también comparte cómo será la dinámica en muchos de esos grupos. Fue al Dr Neighbour al que le escuché hablar de las 3 etapas de toda relación. Él las llama etapa de la luna de miel, la del conflicto y la del crecimiento y madurez de la relación. En realidad esas tres etapas las vamos a ver en toda clase de relación humana. Aplican tanto al matrimonio como a la amistad. Ralph dice que la relación que logra sobrevivir a la etapa del conflicto logrará existir posiblemente durante todo el tiempo que estén vivos quienes están vinculados en esa relación. De hecho, cuando las relaciones pasan a la etapa de la madurez y el crecimiento no es que terminaron los conflictos, sino que solo han aprendido a manejarlos con sabiduría. Una clave en esa etapa es que las partes comprometidas en esa relación saben perdonar y pedir perdón.

Anteriormente mencioné los poco que duran en promedio los matrimonios en EE.UU. En el resto del mundo sucede lo mismo, de hecho, el promedio de vida de un matrimonio en cualquier ciudad conocida del mundo es de doce años. Y cada vez más los matrimonios se disuelven en tan solo dos años. La luna de miel cada vez dura menos. ¿A qué se lo debemos? Salvo excepciones, la gran mayoría de las veces es producto de la incapacidad que tenemos en el mundo moderno para tolerar los errores de los demás. Hemos sido condicionados a creer que la vida feliz es la vida perfecta. En esa vida perfecta los esposos siempre sonríen, los niños no dan perretas, el estrés no existe y todos son extremadamente ricos. En esa vida perfectamente feliz nadie se enferma y mucho menos muere. Y ni hablar de que las diferencias y el enojo están desterrados. Pero dígame, ¿qué mundo es ese? Ese no es el mundo en el que vivimos. Y sencillamente no lo es porque los humanos no somos así. Tenemos maneras de pensar que querámoslo o no siempre van a diferir. Somos racionales, pero también emocionales. Y aunque no lo queramos nuestras emociones también van a aflorar en nuestras relaciones. El enojo es parte de la vida y para nada se opone a la felicidad. Una vida feliz es aquella que es capaz de manejar la frustración, el enojo e inclusive la depresión. Pero no se queda en ninguna de esas emociones, sino que logra expresarlas y procesarlas en su momento y luego se mueve hacia adelante. Una vida feliz es aquella donde quienes nos rodean logra aceptar que somos tan humanos como ellos y no juzgan incorrectamente esas situaciones en las que nos arropan nuestros sentimientos más oscuros. Debemos sacudirnos de esa vida falsa que solo existe en el mundo virtual. De hecho, estamos tan abstraídos en ese mundo ficticio que ahora hasta nos están fabricando un mundo virtual, el mundo del meta verso, donde podemos escoger todo lo que queremos ser y hacerlo funcionar a nuestro antojo. Pero prepárense aquellos que pretenden escapar al mundo virtual en búsqueda de la vida perfecta para ser confrontados con la realidad de lo imperfecto. Porque serán las mismas personas, humanas ciento por ciento, las que intentarán interactuar en esa realidad ficticia.

Se le preguntó a Ruth Graham la esposa del conocido evangelista Billy Graham cuál había sido la clave de un matrimonio tan largo. Su respuesta es magistral, Ruth dijo: *"Bill y yo nos hemos convertido con los años en dos grandes perdonadores."* Ella no pretendió falsear una relación perfecta, sino que reveló una relación real donde ambos fallaban todo el tiempo, pero habían desarrollado la virtud del perdón. Perdonar es sencillamente sobrenatural. Nos parecemos más a Dios cuando perdonamos más. El odio nos rebaja a un nivel diabólico y animal, el perdón nos eleva a lo eterno y lo divino. Creo firmemente que toda relación que perdura está compuesta por grandes perdonadores. Y ese grado de perdón solo lo desarrollan personas humildes. La humildad no es una virtud inherente al ser humano. En realidad, estamos llenos de orgullo, y para humillarnos con el perdón necesitamos la ayuda sobrenatural del Espíritu Santo. Lo cierto es que en 23 años de casado he comprendido que mi matrimonio con Suanly funciona mejor cuando me relaciono mejor con el Espíritu Santo. Es solo cuando me rindo a sus consejos y cuando le oro pidiendo que ponga en mí su deseo más puro que logro mirar con profundo amor a mi esposa y seguirla amando. Esta relación de intimidad con el Espíritu de Dios es imprescindible para construir relaciones saludables, fuertes y duraderas con esas personas que amamos en la vida. Por cierto, toda persona adulta debería ser intencional en construir una relación matrimonial. El ser humano fue hecho para habitar en pareja, el matrimonio entre un hombre y una mujer es una idea de Dios. Y fue hecho principalmente para que seamos felices. No convirtamos en tragedia esa relación que fue creada para añadir felicidad a nuestras vidas.

Suanly y yo nacimos en la misma ciudad y hasta estudiamos por algunos años en la misma escuela primaria. Por alguna razón nunca coincidimos hasta que ya estábamos los dos en nuestros tempranos veinte años. La vi por primera vez en una celebración de nuestra iglesia. Desde el primer momento me llamó la atención aquella muchacha de ojos color miel. El color de sus ojos contrastaba mucho con su pelo negro y su color de piel. La vi varias veces acompañada de dos muchachas más. Luego supe que eran su hermana y su prima. Aunque me sentí atraído por ella la verdad descarté cualquier cercanía. Suanly tenía su novio en aquel momento y yo estaba empezando a conocer a una muchacha que más tarde terminó siendo mi novia. La verdad es que ambas relaciones terminaron. Y nosotros comenzamos a coincidir más a menudo. Suanly se hizo amiga de una mis mejores amigas y comenzó a preguntarles acerca de mí. Yo, un poco más introvertido por aquel entonces, no decía nada a nadie de mi atracción por ella, aunque creo que mis miradas me delataban. La verdad es que con el tiempo comenzamos a ser parte del mismo grupo de amigos. Y con un poco más de confianza ella comenzó a pedirme ayuda para las clases que impartía a niños de nuestra iglesia en aquel momento. No puedo describir en palabras lo que me producía la cercanía a aquella muchacha que se había convertido en mi amiga. Pensaba que nadie se daba cuenta de mis sentimientos por ella, hasta que un buen día un amigo muy cercano me dijo: "Alex, no lo puedes ocultar, se te nota que estás enamorado." Allí fue cuando supe que mis sentimientos eran de dominio público. Recuerdo aquel 30 de abril del 1997, era el cumpleaños de mi papá y la invitaron a comer a mi casa. Luego de la comida familiar la acompañé a la casa de su tía donde ella pasaba algunas noches por la cercanía a la iglesia. Antes de llegar a la casa de su tía nos detuvimos en un parque cercano a mi casa y sin decirle nada le robé el primer beso. Suanly me pidió que no lo volviera a hacer y me dijo que ese beso no significaba nada entre nosotros. Todavía me río al recordarlo, sus ojos me decían todo lo contrario. Ese día nació nuestra relación y fuimos novios por un año y medio. En diciembre 19 del 1998 nos casamos en el templo de la iglesia Bautista a la que ambos pertenecíamos. Rodeados de nuestra familia y amigos nos prometimos amor verdadero hasta que la muerte nos separe. Ya han pasado 23 años desde aquel día de diciembre, en nuestra isla de Cuba. El tiempo ha volado, ya no somos para nada aquellos muchachitos flaquitos e inexpertos. Somos adultos, padres de familia y con muchas responsabilidades en nuestra vida diaria. Ya no puedo escribirle poemas y notas de amor cada semana o cada mes como al principio, pero como la amo. ¿Qué si la sigo amando? Ahora mucho más que aquel diciembre del 1998. Las situaciones han cambiado, nosotros mismos hemos cambiado, por dentro y por fuera. Sin embargo, estoy tan comprometido con el amor de mi vida como el primer día y mucho más. No me une a mi esposa el que somos padres de dos preciosos adolescentes. No nos une la presión social de ser pastores de una comunidad de fe que espera que nuestro matrimonio funcione. Tampoco es asunto de convicciones personales. Todo eso puede tener algún grado de importancia, no lo niego, pero nos une el que decidimos amarnos. Decidimos estar juntos por el resto de nuestra vida y nos prometimos que si iba a ser así nuestra relación solo iba a funcionar por amor y nunca por conveniencia. Así que te imaginas cuánto hemos tenido que aprender. He tenido que aprender a decir "perdóname" y también a decir "te perdono". Y no solo a decirlo sino a creerlo y vivir ese perdón. Ambos hemos decidido arrancar cualquier resentimiento que se haya querido quedar pegado a nuestra alma. Y le hemos pedido a Dios que esté en medio de nosotros, que no nos deje intentarlo solos, porque lo necesitamos a Él. Somos felices cuando aprendemos a valorar las relaciones importantes de nuestra vida y cuando bajamos las expectativas y aumentamos el perdón y la empatía.

Necesitamos relacionarnos bien con ellos, ya sean nuestros padres, nuestro cónyuge o nuestros hijos y hasta nuestros amigos. Ellos son importantes en nuestra vida y sin ellos será muy difícil ser felices. La felicidad se construye junto a otros, y demanda despojarse de ese egoísmo enfermizo que tanto daño nos hace.

No olvides que somos más felices cuando nos enfocamos en hacer felices a los demás. Regala sonrisas, regala perdón junto con abrazos y mucho cariño. Se comprensivo y dale a otros las oportunidades que te gustaría recibir. Somos felices cuando construimos la felicidad de los demás.

Iglesia: La gran familia de Dios

Hay una clase de familia que no está unida por lazos consanguíneos sino por lazos de fe. Aunque es desconocida por muchos es necesaria para todos y aunque parezca no ser necesaria es indispensable para completar la felicidad de los seres humanos. Esta familia es la gran familia de Dios, conocida como la Iglesia. Entiendo que para muchos la palabra iglesia no se asocie con familia porque su significado se ha distorsionado a lo largo del tiempo. Lo que comenzó en Jerusalén como una hermosa familia de creyentes que aprendieron a vivir en comunidad y a expresarse amor mientras decidían practicar el perdón y restaurarse unos a otros no continuó siendo igual con el tiempo. En Europa, poco a poco la iglesia se volvió una gran institución fría, rígida y llena de rituales que intentaron sustituir la experiencia sencilla y vibrante de la fe personal de cada creyente. Y luego en América la iglesia ha llegado a ser una gran empresa que maneja muy bien el negocio de la fe. Todo eso ha hecho que la palabra iglesia o bien se asocie con campanarios y edificios barrocos o con una gran institución que maneja los asuntos de la religión. Pero no fue así como lo diseñó Dios sino todo lo contrario. La ideó como un cuerpo vivo, como una comunidad orgánica, como una familia unida donde hombres y mujeres, jóvenes y niños pudiesen disfrutar juntos y compartir algo en común: la fe.

El apóstol Pablo escribió acerca de la iglesia lo siguiente: *"Por lo tanto, ustedes ya no son extraños ni extranjeros, sino conciudadanos de los santos y miembros de la familia de Dios."* (Ef. 2:19). ¿Lo ves? Jesús vino para que pudiéramos formar parte de la familia de Dios. ¿Y por qué esto es necesario para vivir felices? La respuesta es muy sencilla. Dios nos hizo para Él y sea que lo reconozcamos o lo neguemos esa necesidad de vivir en una relación cercana con nuestro Dios está latente en todos los seres humanos. De la misma forma, Dios nos hizo seres comunitarios, necesitados de las relaciones entre unos y otros, y la experiencia de fe no es la excepción. La verdadera fe no solo es la que tenemos en Jesucristo nuestro Salvador sino también la que vivimos en familia. Todos los seres humanos necesitamos tener una relación cercana con Dios como Padre y con otras personas como nuestros hermanos. Eso es necesario para sentirnos completos, realizados y felices. Por eso necesitamos la iglesia, no la institución fría y ritualista, tampoco el negocio de la fe que solo intente monetizar nuestra experiencia. Necesitamos vivir en familia y construir juntos nuestra relación no con un Dios distante sino con nuestro Padre celestial, cercano y amoroso.

El Dr Bill Bright fundador de la Crusada Estudiantil para Cristo solía decir que la iglesia es como una fogata. Cada persona que se acerca a la comunidad de fe es como un pedazo de madera que se suma a la fogata y comienza a arder con el fuego que ya había prendido a otros leños. Bill Bright decía que lo interesante era que mientras los leños que ya ardían hacían que el leño añadido ardiera también, este último hacía que los otros leños continuaran ardiendo. El Dr Bright continuaba con su ilustración invitándonos a pensar qué pasaría si tomáramos un leño y lo separábamos de la fogata. Sencillamente ardería por un rato para luego poco a poco irse apagando. Y entonces explicaba que así sucedería con todo aquel que intentara vivir una fe aislada, separado de la familia de Dios, sencillamente se apagaría.

¿Nunca lo has intentado? ¿Nunca has pertenecido a la familia de Dios? Gran parte de tu infelicidad se la debes a no estar viviendo la experiencia de ser parte de la familia de Dios. Te invito a buscar una familia de fe, que sea ideal para ti, donde puedas conocer y ser conocido. Una familia donde puedas ser tú sin necesidad de esconder tu verdadera personalidad. Una familia que te rete a ser mejor pero que no te margine cuando no logres serlo. Una familia que te levante cuando estés caído, o que te cuide en tu enfermedad. Una familia que se preocupe por ti pero también una familia que te dé la oportunidad de hacer lo mismo por otros. Una familia imperfecta pero genuina, que ame a Dios de corazón y que decidan amarse unos a otros, aunque les cueste. Te conviene ser parte de una familia como esa. Añadirá felicidad a tu diario vivir y te permitirá vivir en tu propósito diariamente. Déjame compartirte por cierto algunas cosas acerca de lo que es esta increíble familia.

Es donde aprendemos a ser hijos de Dios y hermanos de muchos.

Llegamos a ser hijos de Dios solo por la fe en Jesús y punto. Sin embargo, la mayoría de nosotros nos enteramos de esta verdad gracias a la iglesia. Son otros creyentes, aquellos que nos llevan un poco de ventaja en la fe los que nos ayudan a aceptar y a vivir como verdaderos hijos de Dios. La fe es personal, pero se hace fuerte en familia. Es como los valores que cada persona tiene, aunque son suyos y de nadie más, los adquirió y los cultivó en una familia. Con la familia de la fe descubrimos cuán especiales somos para nuestro Padre. Descubrimos lo que hizo por nosotros nuestro hermano mayor y como su sacrificio compró los derechos para que pudiéramos ser incluidos en esta gran familia. Gracias a esa verdad revelada y compartida en familia nos llenamos de un sentido de identidad muy fuerte y aprendemos a vivir como seres humanos valiosos, como verdaderos hijos de

Dios. Pero para que no nos llenemos de orgullo es en la familia de Dios que aprendemos dos cosas muy importantes. La primera, que es Jesús y no nosotros la razón de que todo esto sea posible. Dios no solo decidió salvarnos por medio de Jesús, sino que lo hizo para que fuéramos el trofeo que su Hijo mostrase eternamente a todos los seres celestiales. Por otro lado, descubrimos que el amor de Dios para nosotros es único y es grande, pero que de la misma forma ama de manera única y grande a nuestros hermanos y hermanas de la fe. Nos llena, nos satisface, nos hace muy felices descubrirnos como hijos amados de Dios. Curiosamente nos hace muy felices también descubrir que no somos los únicos en esta relación, sino que somos muchos. Es maravilloso poder abrir nuestro corazón, contar nuestras experiencias con nuestro Padre celestial y encontrarnos con otros que pueden alegrarse con lo que les contamos pero que además nos bendicen al contarnos las experiencias que ellos mismos están teniendo. No hay nada que sustituya esta experiencia. Y solo el aprender a ser hijos de Dios y hermanos de fe de muchos nos permite ser felices en un área de nuestras vidas donde no existen sustitutos para esa experiencia. Pero, además,

Es donde se espera que seamos genuinos y nos dejemos transformar.

Demasiadas personas frustradas viviendo con un sentimiento de fracaso y desilusión muy grande en este mundo. Una de las razones de toda esa frustración y fracaso es porque se vive en ambientes donde no es permitido ser genuinos. La autenticidad está desterrada de muchos lugares en la vida moderna. Las relaciones humanas están permeadas de falsedad, de engaño, de hipocresía y muchas cosas más. Y todo esto es el resultado que cada uno tiene miedo de mostrarse tal cuál es. Lo han intentado en el pasado y con muy malos resultados. Aun en los hogares se ha aprendido a vivir con mucha falsedad, ocultando de la familia quiénes realmente somos. Nuestra humanidad necesita a gritos pertenecer a comunidades seguras. Ser parte de ambientes seguros, aunque no sean perfectos. De hecho, es eso lo que necesitamos, que la imperfección sea aceptada, aunque no aplaudida. Todos necesitamos ser transformados y Dios quiere transformarnos. No existe mejor lugar para que eso suceda que en la familia de Dios. Por eso Dios diseñó su iglesia para que fuera un lugar donde la verdad, la autenticad, la sinceridad y todo lo que sirviera para derribar las paredes de separación estuviese presente. Es frustrante encontrar que la iglesia solo es una institución separada de todo lo que Dios la llamó a ser. Es deprimente ver a la iglesia ser un lugar lleno de falsedad, de religiosidad fingida, donde los participantes debiendo experimentar una fe auténtica solo deciden actuar. Lamento que muchas iglesias solo sean un lugar para escondernos detrás de máscaras y apariencias. Y que las relaciones no sean sinceras y duraderas. No, la iglesia no fue diseñada para ser lo que es, sino que fue diseñada para ser el ambiente seguro donde podemos mostrarnos tal cual somos y ayudarnos unos a otros hasta ser transformados. Se vive feliz cuando finalmente podemos abrir nuestros corazones y ser ayudados en nuestro caminar de fe. Y se vive aún con mayor felicidad cuando podemos ayudar a los demás a vivir la misma clase de vida. Por eso déjame compartirte algo más acerca de la iglesia de Dios,

Es donde ayudamos a otros a crecer en la fe y en la vida.

El libro de los Hechos en el NT es una narración histórica detallada de la vida de los primeros cristianos. Las historias y testimonios de los primeros creyentes son sorprendente. Una de esas historias narradas fue la experiencia de nuevo nacimiento de Saulo de Tarso quien más tarde fue conocido como el gran apóstol Pablo. Al principio de su nueva vida cristiana los creyentes que conocían su pasado sentían un poco de temor y no se acercaban a él. Pero un discípulo de nombre Bernabé por su parte hizo algo diferente. Viajó a la ciudad donde Pablo se encontraba y lo trajo consigo para presentarlo a la iglesia de

Antioquía. Bernabé acompañó a Pablo en aquella primera etapa de su vida de fe e inclusive por mandato del Señor estuvo junto a Pablo en sus primeros viajes misioneros. Hoy todos conocemos al apóstol Pablo, leemos sus cartas en el NT y somos edificados por sus enseñanzas de sabiduría espiritual. Quizás no nos percatamos que detrás de ese hombre que nos impresiona está la inversión de tiempo y de vida de un cristiano maduro y compasivo llamado Bernabé. De hecho, el nombre Bernabé en sí es un seudónimo que significa "hijo de Consolación". Dios decidió llamar a este discípulo con un título que él mismo ostenta. La Biblia llama al Señor "el Dios de toda consolación". Cuando Jesús comenzó a presentar al Espíritu Santo lo llamó el "otro Consolador". Cada Persona de la Deidad es experto en consolar a sus criaturas. La palabra "consolador" se traduce del griego "paracleto" que significa literalmente "aquel que se pone a tu lado". Eso fue lo que hizo Bernabé con Pablo, se puso a su lado para defenderlo, apoyarlo y representarlo delante de los demás discípulos que aún tenían miedo de Saulo. Por causa del que estaba a su lado Pablo comenzó a ser aceptado y conocido en la comunidad de creyentes de Antioquía. ¿Te imaginas la satisfacción de Bernabé al ver cómo por causa de su decisión de apoyar a Pablo ahora los demás lo aceptaban y se relacionaban libremente con él? Somos felices cuando ayudamos a otros a crecer. Hay pocos lugares donde eso ocurre. Aparte de la familia natural, la iglesia es el otro lugar que debería ser intencional en provocar el crecimiento de las personas. Recién un amigo compartía en su perfil de una de las redes sociales más conocidas una fotografía donde aparece al lado del conocido evangelista Nicky Cruz y otro conocido pastor. Mi amigo escribió debajo de su fotografía algo así: "¡Qué privilegio compartir con estos dos grandes hombres de Dios, ambos discípulos del pastor David Wilkerson!" Me gustó mucho leer que mi amigo pudo reconocer la influencia en la vida de esos dos grandes ministros del Evangelio del ya fallecido pastor y profeta David Wilkerson. Somos lo que somos gracias a la inversión que otros han hecho en nosotros. Y de la misma forma debemos ser intencionales en "pararnos al lado" de aquellos que ahora necesitan nuestro acompañamiento para convertirse en todo lo que Dios dice que ellos pueden ser. La sociedad moderna apela al individualismo y a la competencia. De hecho, muchos en el mundo del espectáculo ganan mucho dinero haciendo noticia de las riñas y peleas de los famosos. La famosa frase de "divide y vencerás" sigue siendo el lema de muchos en el mundo moderno. La realidad es que, aunque los seres humanos caigamos en el juego de la competencia y terminemos siendo víctimas del individualismo reinante, todos anhelamos vivir de una manera diferente. Bueno, para eso también Jesús creó su Iglesia. La estableció como una familia donde unos y otros pueden apoyarse y acompañarse todos los días. Algunos estudiosos bíblicos se dedicaron a contar cuántas veces la expresión "unos a otros" aparece en el NT y concluyeron que al menos en 59 ocasiones esta expresión aparece. ¿Por qué crees que sea tan reiterativo en el NT en mencionar esta frase? Porque Dios sabe que una de las cosas que más felicidad nos produce en la vida es servir y ayudar los demás. Sin embargo, cuando no tenemos una relación constante con el Espíritu Santo podemos llegar a cansarnos de servir a otros. Eventualmente nos resentiremos cuando no sean con nosotros como somos con ellos. Mediremos el ayudar a los demás por la disposición de ellos de servirnos a nosotros. Pero cuando tenemos una comunión fuerte con Dios terminamos sirviéndolos no por lo que ellos hacen por nosotros sino por lo que Dios hizo por nosotros. Quizás el más grande testimonio de perseverancia en amar y servir a los demás es el propio Jesús. Pasó tres años y medio sirviendo a sus doce discípulos. Siendo el Maestro él mismo los servía a ellos, rompiendo así con el estereotipo de los rabinos de la época. Y a pesar de todo lo que Jesús hizo por ellos, todos sin excepción lo dejaron solo el día que lo prendieron y lo llevaron al patio del Sumo Sacerdote. Aun Pedro que lo siguió hasta ese lugar terminó negándolo en presencia de muchos porque quizo salvar su pellejo cuando se dio cuenta que su vida corría peligro. Luego Jesús fue crucificado en aquella cruz tan cruel y terminó siendo sepultado en una tumba sin estrenar que José de Arimatea tenía. Pero tres días después resucitó y se levantó victorioso. ¿Y qué fue lo que hizo cuando resucitó? Comenzó a buscar a sus amigos y a dejarles saber que él había resucitado. Solo quería quitarles la tristeza que ellos tenían y llenarlos de alegría. Y por si fuera poco un día bien temprano cuando la mayoría de ellos estaban subidos en una barcaza intentando pescar algo, Jesús se apareció en la orilla y los llamó. Cuando llegaron adonde él estaba se encontraron con un rico desayuno. Jesús mismo había cocinado pescado a la brasa y panes. Y al verlos les dijo: "Comamos juntos". ¿Qué lección de amor y misericordia nos da Jesús? Él no se dio el permiso de cargar con resentimiento, porque esto nos llena de tristeza profunda. Decidió perdonar a sus amigos y quizo dejárselos saber preparándoles un rico desayuno. La mejor manera que encontró Jesús para dejarles saber que su relación estaba restaurada fue sirviéndolos. Las personas grandes, llenas de un altruismo que impresiona son grandes servidores y aman invertir tiempo y recursos en ayudar a los demás. No dejes que tu vida quede atrapada en una prisión de resentimiento, falta de perdón y orgullo. Si te han ofendido, abandonado y traicionado, piensa que a Jesús también le hicieron todo eso, y sin embargo él perdonó. Y no solo perdonó, sino que siguió haciendo lo que más amaba hacer: *servir*. Es que no existe un mejor método para ayudar a otros a crecer que cuando les modelamos perdón y les servimos por amor a pesar de todo lo que nos hicieron anteriormente. Las personas son transformadas cuando son expuestas al perdón y al servicio por amor. Pero aquel que ama y sirve a los demás goza del privilegio de ser una persona feliz. Tienes que darte la oportunidad de experimentar esa clase de felicidad que no tiene comparación. Pero déjame compartirte algo más en relación a la iglesia:

Es el lugar donde nuestros ojos se abren y descubrimos la eternidad.

¿Cómo se puede ser feliz creyendo que la vida es tan corta como la existencia sobre esta tierra? Si algo nos llena de alegría es la esperanza de que viviremos para siempre. No podemos negar la muerte física pero sí entenderla como la Biblia la presenta. Según la palabra de Dios la muerte física es solo la separación del cuerpo físico temporal del alma que es eterna. Esta última, cuando creemos en Jesús, va a un lugar maravilloso conocido como el paraíso. Creer esto nos llena de esperanza. Cuando vivimos esperanzados vivimos felices. Cuando somos parte de una iglesia crecemos en esperanza con relación a la eternidad.

Recuerdo cuando era niño cómo me impresionaba ver a los creyentes reaccionar frente a la muerte de un ser querido. Hablaban con tanta esperanza acerca de aquel que ya no estaba. Escucharlos hablar con tanta certeza de acerca de la vida eterna era para un niño como yo algo muy provocador. Veía que aquellas personas no estaban fingiendo, que la paz por la partida de un ser querido era genuina. Yo me iba llenando de un deseo de ser como ellos y sin saberlo estaba siendo influenciado por aquellos cristianos a creer lo que ellos creían. Es que veía el contraste con las demás personas. Veía que los demás reaccionaban con desconsuelo cuando sus seres queridos morían y caían en profunda depresión. Los cristianos no, ellos seguían llenos de gozo y con profunda paz. Sus canciones y sus versos bíblicos hablaban de la resurrección de los muertos y ellos vivían seguros que eso era verdad. Eran tan convincentes mis vecinos cristianos que me enamoré de su fe. Quería poseer aquella esperanza que ellos tenían. Hoy puedo decir que experimento la misma clase de esperanza y tengo el mismo gozo que aquellos cristianos de mi barrio en Santa Clara. Mi madre murió hace casi tres años atrás. Era algo que no quería que sucediera nunca, pero sucedió. Sin embargo, cuando me fui acercando a ese último momento en la vida de mi madre me fui llenando de gratitud por cada día que la pude disfrutar. Y aquella esperanza que había visto en muchos cristianos cuando era niño ahora me llenaba a mí. No puedo explicarlo bien con palabras, pero no he perdido el gozo aunque mi madre murió. Sé que un día la volveré a ver y ya no seremos separados nunca más. La seguridad de que nuestros seres queridos que fueron creyentes en Jesús y han muerto han ido a la eternidad es una de las cosas que más provocan felicidad en los seres humanos. Vivir con la confianza de que nosotros también cuando muramos en realidad estaremos siendo transferidos a la eternidad nos permite vivir en paz. Es trágico vivir con el temor a morir y creer que después de la muerte no hay nada más. Eso crea desesperanza. Genera ansiedad y produce mucho temor. El mundo al ser expuesto a la pandemia ha sido confrontado con la realidad de la muerte.

Personas de todas partes y de diferentes edades han fallecido al perder su batalla con el virus del Covid. Se consideraban fuertes y sanos sin embargo un virus invisible les cortó su paso por esta vida. Ante esa realidad los sobrevivientes han comenzado a vivir en un terror. El temor a contagiarse y morir por el virus ha generado irritabilidad, violencia y mucha crueldad en las personas. ¿Qué ha generado esas reacciones tan viscerales en los seres humanos? Es el temor a morir y no tener seguridad de vida eterna. No digo que quienes creemos en la vida eterna nos queramos morir. No, también deseamos llegar a la tercera edad, ver nuestros hijos crecer y hasta abrazar a nuestros nietos. Pero no tenemos miedo a la muerte, no como aquellos para quienes morir es el fin, una tragedia sin solución. ¿Sabes que sí es una tragedia sin solución? Morir sin Cristo en el corazón, sin haber tenido una relación personal y salvadora con Jesús. Esa falta de relación con Él no elimina la eternidad del alma, sino que por el contrario determina que esa alma eterna pasará el resto de su existencia separado de Dios y en un ambiente de tormento eterno. Muchos cuando leen esta verdad no la aceptan o sencillamente arremeten contra Dios. Preguntan, ¿cómo puede ser amor un Dios que envía las personas al infierno? Pero, ¿sabes que dijo Jesús al respecto? Él dijo lo siguiente: "Porque no envió Dios a su Hijo al mundo para condenar al mundo sino para que el mundo sea salvo por él." (Juan 3: 17) Y luego hizo la siguiente afirmación: "El que en él cree, no es condenado; pero el que no cree, ya ha sido condenado, porque no ha creído en el nombre del único Hijo de Dios." (Juan 3:18) Lo que Jesús está diciendo es que en realidad no es él quien nos condena para ir al infierno somos nosotros mismos los que nos condenamos cuando no creemos en Él. Ese creer por cierto no es emocional ni intelectual, aunque incluye ambas cosas. Es una convicción del ser que involucra la voluntad, afecta la razón y mueve las emociones provocando una transformación integral del ser donde somos cambiados y ya no podemos vivir como vivíamos sino con un fuerte deseo de hacer la voluntad de Dios. Y es esa persona que ha tenido esa experiencia la que se llena de esperanza y paz en relación a la muerte y a la eternidad. ¿Pero sabes dónde esa fe en la vida eterna se hace más fuerte? Es en el marco de la familia de Dios, en la iglesia. En esa comunidad de creyentes que aman la Biblia y creen lo que en ella se proclama. Por eso si has creído en Jesús necesitas ser parte de una familia de fe que te aliente y te exhorte a vivir en paz y gozo al creer la verdad de la vida eterna y de la resurrección. No puedes seguir viviendo en desesperanza y ansiedad. Necesitas abrazar la fe y vivir en la confianza que produce la verdad de Dios.

Servicio: Aprendiendo el secreto del altruismo

John D. Rockefeller quien en su momento llegó a ser el hombre más rico del mundo dijo: *"He ganado millones, pero eso no me trajo felicidad."* Si tener tanto dinero no produce felicidad, ¿entonces qué produce lo produce? Voy a responder esa pregunta con una frase de Jesús: *"El Hijo del hombre no vino para ser servido sino para servir."* Se refería a sí mismo quien siendo Rey decidió presentarse como un siervo. Todo era parte de su propósito y con ello nos regalaba un secreto para ser felices: *el servicio.* Es cuando servimos a la humanidad cuando descubrimos el poder que ese estilo de vida tiene. Vivir sirviendo se reconoce como un estilo de vida altruista. Servir es un nivel de vida tan alto que no muchos desean ascender a ese nivel porque tienen miedo a no poder sobrevivir. Es que en ese ambiente de servicio el ego no es alimentado. Se necesita renuncia personal para poder enfocarse en la necesidad de los demás.

No hay mejor modelo de servicio que Jesús. En Juan 13 encontramos un momento único que los discípulos vivieron. Un momento mágico, pero a la vez incómodo. Aquella experiencia rompía esquemas porque el Señor decidió servir a los siervos. ¿Quería Jesús darles una enseñanza a sus discípulos? Por supuesto, pero no creo que esa haya sido la razón principal.

¿Había un símbolo espiritual encerrado en el acto de servicio que Jesús practicó? Definitivamente, pero la razón principal tenía que ser otra. Jesús principalmente estaba disfrutando aquel momento. No hay dudas que establecía un modelo de liderazgo de servicio en aquel momento sublime. Sin embargo, ese modelo fue un efecto colateral de una decisión que el Maestro tomó motivado por el gozo de servir a los que apreciaba y amaba hasta la muerte. El propio Jesús acuñó una frase que Pablo hizo pública y Lucas hizo viral. ¿A qué frase me refiero? Lucas en Hechos 20:35 escribió: *"...recordando las palabras de Jesús: Hay más dicha en dar que en recibir."* Dar, compartir, entregar, no solo lo material, sino nuestro tiempo, nuestro esfuerzo y en el nivel más alto, nuestra vida, es vivir una vida de servicio. Y eso siempre produce un grado de felicidad que no tiene competencia y produce mucha realización personal.

Conocí a Santiago en Miami en el invierno del 2013. Llegó a nuestra reunión de manera anónima acompañado de su familia. Ellos habían venido a vivir a Miami por algunos meses mientras su mamá recibía un tratamiento que prometía ayudarla con un padecimiento crónico. Al final del servicio de nuestra iglesia mientras la masa de asistentes caminaba a la cafetería del lugar donde nos reuníamos en aquel entonces, y ese fue el momento en el que Santiago se presentó. Estábamos celebrando *la fiesta del amigo* y coincidentemente el cuarto cumpleaños de nuestro segundo hijo. Santiago me abordó en el pasillo antes de entrar a la cafetería. Se presentó por nombre y me dejó saber a qué se dedicaba y cuál era la naturaleza de sus negocios. Inmediatamente, sin pensarlo dos veces, me hizo una propuesta. Me invitaba a ser el conferencista principal en su Escuela para Padres que estaba por comenzar el siguiente año. De momento pensé que aquel señor estaba chiflado y traté de ignorar su propuesta. No obstante, él continuó buscando la comunicación y eventualmente comenzamos a conversar del tema en el restaurante del hotel donde vivía temporalmente con toda su familia. En esas conversaciones pude corroborar que la historia era cierta y que el proyecto era real. Finalmente accedí y desde entonces he colaborado con quien se ha convertido en un amigo muy cercano y a quien aprecio demasiado. ¿Por qué te cuento esta historia? Porque en Santiago no solo conocí al empresario exitoso, aventado y que toma riesgos con tal de hacer realidad los sueños. En Santiago descubrí a alguien que por su posición pudiera ser servido todo el tiempo sin embargo aprecia él mismo servir a muchos. Santiago hace sentir bien a la señora con la que se encuentra en el lobby de un hotel. Y con afecto la abraza y luego le pregunta por toda su familia. Eso sucedió en un lujoso hotel de *Galería*, Houston, cuando terminábamos una de las conferencias que él organizaba con sus amigos y donde me pedía compartir algún tema que pudiera enriquecer la vida de muchas personas. Aquella señora fue abordada por Santiago con profundo afecto y la trató con tal deferencia que supuse que era alguien importante en aquel hotel, tal vez la gerente o alguna persona de rango en aquel lugar. Luego que ella se marchó le pregunté: *"¿Amigo quién era esa señora a la que acabas de saludar?"* Sonriente, Santiago me dijo: *"Ella es mi amiga, y es un ama de llaves en el hotel".* Y luego siguió caminando mientras daba un abrazo rompe costillas al valet que le entregaba su auto mientras se despedía de él por su nombre de pila. Eso es grandeza, cuando no valoramos a los demás por lo que tienen sino simplemente por quienes son. Aquel día mientras él conducía su coche y me llevaba a cenar a un delicioso restaurant brasileño pensaba que mi amigo con esa característica imitaba a Jesús. Había descubierto el secreto de servir a los demás. Sí, tratar con dignidad, y darle importancia a las personas, sobre todo a aquellos que la gran mayoría ignora, es servicio. Y mi amigo me enseñó que se puede ser un exitoso empresario, poseer muchas riquezas y todavía conservar la virtud de amar al prójimo y darle la importancia que el Creador les dio. Pero volvamos a Juan 13, de hecho, quiero que leas por ti mismo ese relato que aparece tan pronto como al comienzo de ese pasaje:

"Se acercaba la fiesta de la Pascua. Jesús sabía que le había llegado la hora de abandonar este mundo para volver al Padre. Y habiendo amado a los suyos que estaban en el mundo, los amó hasta el fin. Llegó la hora de la cena. El diablo ya había incitado a Judas Iscariote, hijo de Simón, para que traicionara a Jesús. Sabía Jesús que el Padre había puesto todas las cosas bajo su dominio, y que había salido de Dios y a él volvía; así que se levantó de la mesa, se quitó el manto y se ató una toalla a la cintura. Luego echó agua en un recipiente y comenzó a lavarles los pies a sus discípulos y a secárselos con la toalla que llevaba a la cintura. Cuando llegó a Simón Pedro, este le dijo: ¿Y tú, Señor, me vas a lavar los pies a mí? Ahora no entiendes lo que estoy haciendo —le respondió Jesús—, pero lo entenderás más tarde.—¡No! —protestó Pedro—. ¡Jamás me lavarás los pies!—Si no te los lavo, no tendrás parte conmigo.—Entonces, Señor, ¡no solo los pies, sino también las manos y la cabeza!—El que ya se ha bañado no necesita lavarse más que los pies —le contestó Jesús—; pues ya todo su cuerpo está limpio. Y

ustedes ya están limpios, aunque no todos. Jesús sabía quién lo iba a traicionar, y por eso dijo que no todos estaban limpios. Cuando terminó de lavarles los pies, se puso el manto y volvió a su lugar. Entonces les dijo:¿Entienden lo que he hecho con ustedes? Ustedes me llaman Maestro y Señor, y dicen bien, porque lo soy. Pues, si yo, el Señor y el Maestro, les he lavado los pies, también ustedes deben lavarse los pies los unos a los otros. Les he puesto el ejemplo, para que hagan lo mismo que yo he hecho con ustedes. Ciertamente les aseguro que ningún siervo es más que su amo, y ningún mensajero es más que el que lo envió. ¿Entienden esto? Dichosos serán si lo ponen en práctica." (Jn 13: 1-17)

Cuando el servir es una prioridad para ti lo haces hasta el final.

El pasaje que acabamos de leer dice que Jesús supo que su final había llegado. ¿Y qué decidió hacer? Decidió servir porque, aunque había hecho muchos milagros y había mostrado las maravillas de Dios, en realidad Él había venido para servir a la humanidad y entregarse por ella. Cuando tenemos claro que nuestra asignación en esta vida por matices que tenga y lo grande que sea tiene que ver con servir a aquellos que Dios ama no nos resentirá el tener que hacerlo hasta el fin. Para Jesús servir no era una carga y mucho menos un castigo. Para él era un privilegio servir a aquellos con los que había pasado casi cuatro años.

Al hablarte de servir hasta el fin y hacerlo un estilo de vida me recuerdo de Juan. Él fue un hombre que conocí cuando su hijo me insistió en visitar a su papá para que volviera a asistir a una iglesia. Juan y su esposa se habían alejado de la iglesia hacía ya algunas décadas. Su iglesia donde asistía y participaba había cerrado después que su fundador se cambiara de ciudad. Aquello había afectado mucho a Juan que sentía que de la noche a la mañana había perdido una familia. Al principio cuando lo visitábamos parecía que el deseo de su hijo nunca se haría realidad. Juan estaba renuente a visitar otra iglesia, él había tenido una sola familia de fe y punto. A pesar de su aparente obstinación *Juancito* (como le decía cariñosamente) siempre nos trataba muy bien y se desvivía por atendernos cuando lo visitábamos. Pude ver desde el principio que *Juancito* amaba servir a los demás. No importaba a la hora que llagara a verlo siempre estaba disponible y sonriente. Era un hombre mayor pero no paraba de trabajar en su pequeña compañía de construcción con la que había sostenido a su familia por años. Y como decía, a pesar de tanto trabajar siempre nos recibía con una sonrisa y no nos dejaba ir hasta que no aceptáramos, aunque fuera un delicioso café cubano. El día que entró por la puerta de nuestra iglesia acompañado de su esposa no te imaginas la alegría que me produjo su presencia. Juan llegó para quedarse y rápidamente se hizo sentir. No había un proyecto que yo tuviera en mente que Juan no se desviviera por hacer realidad. Si le decía que quería abrir un ministerio de comidas para ayudar a familias menos afortunadas enseguida se ponía a mi disposición para construir el almacén de comidas. Su camioneta siempre estaba cargada de materiales para arreglar nuestras instalaciones. Muchos de aquellos materiales él mismo los compraba con su dinero. Recuerdo un día estar en mi oficina y verlo por la ventana acompañado con su hijo midiendo la parte exterior del terreno. Al salir y preguntarle que hacía, con una sonrisa Juan me dijo: *"Quería darte la sorpresa de levantar una cerca nueva, pero me descubriste."* La cerca anterior se había caído por un huracán que había azotado a la Florida. Y Juan no podía dejar que aquella cerca siguiera caída. Por eso la tarde que su esposa me llamó para decirme que Juan había sido diagnosticado con cáncer lloré como un niño. Lo hice como si se tratara de mi propio padre. Aún hoy me quebranto al recordar a aquel amigo al que quise entrañablemente. A pesar de la enfermedad Juan siguió sirviendo a todos con el mismo amor. Recuerdo una ocasión en la que sorprendió a una familia de la iglesia con un árbol navideño porque quería verlos felices. Juan vivió para servir y lo hizo hasta el final. Para muchos este hombre es solo un anónimo, un desconocido, para mi él junto con otros que han bendecido mi vida fue un ejemplo vivo de mi Señor Jesús. Hay un privilegio en servir, pero hay una alegría superior en vivir para servir a los demás.

Cuando la motivación para servir es el amor el servicio se convierte en una respuesta involuntaria.

El pasaje de Juan 13 dice en unos de sus versos iniciales: *"Y habiendo amado a los suyos que estaban en el mundo, los amó hasta el fin."* Y lo interesante es cuando seguimos leyendo nos encontramos que la manera en la que Jesús decide expresarle amor a sus amigos es con un acto de servicio. Mi esposa es un ejemplo de esa clase de amor. Ella expresa amor principalmente sirviendo. Suanly ama el dar y el servir. La energiza cocinar una comida para agasajar a unos amigos. Y la frustra el no poder servir a alguien con su servicio. Hace poco, por ejemplo, la vi frustrarse cuando no pudo confeccionar el ramo de novias para una joven de nuestra iglesia que se casaba. Ella se había ofrecido para hacerle a la novia el ramo. Así que esa semana previa a la ceremonia se la pasó yendo a comprar las flores y todo lo que necesitaba para hacer el ramo. El día anterior a la boda se la pasó intentándolo y por alguna razón no le salía el diseño que la novia había escogido. No te imaginas lo que ella sintió cuando tuvo que llamarla y decirle que no podía hacerlo. Así y todo, se las arregló para obtener el permiso de los novios y con las flores que había comprado confeccionar el adorno que las damas traerían el día de la boda y un pequeño detalle que los hombres de la corte portarían en sus trajes. Sencillamente ella no podía quedarse con el deseo de expresar su cariño y amor por esta pareja. Y su manera favorita es o dando de lo que tiene o sencillamente haciendo algo por los demás. A su lado en estos 25 años de casados he aprendido lo que significa dar y servir sin esperar nada a cambio. Ella goza de ese altruismo que es una de sus razones para vivir. Se sirve a los demás cuando los amamos de todo corazón. El amor combustiona al servicio y lo convierte en un placer. ¡Tienes que descubrir la felicidad que se obtiene al servir a otros!

Saber quiénes somos, tener una identidad definida, nos permite servir como un estilo de vida. Juan dijo de Jesús en el mismo pasaje que hemos analizado hasta ahora: *"Sabía Jesús que el Padre había puesto todas las cosas bajo su dominio, y que había* *salido de Dios y a él volvía; **así** que se levantó de la mesa, se quitó el manto y se ató una toalla a la cintura."*(Jn 13:3-4) Me impresiona este versículo de Juan 13, fue por causa de reconocer su poder, su autoridad, su origen y destino que Jesús se levantó con una toalla al hombro y una vasija de agua dispuesto a lavarle los pies a sus discípulos. Un hombre sirve a otro cuando ha entendido que el servicio no lo rebaja, sino que es congruente con su grandeza.

Solo nos sentimos humillados al servir cuando somos orgullosos. Alguien que ha logrado aplastar el orgullo no se siente mal cuando se le pide servir, al contrario, se siente privilegiado. Hace poco estuve asistiendo a una conferencia de dos días donde pastores y líderes de la ciudad nos dimos cita. El día que la conferencia terminó el pastor de la iglesia que sirvió de anfitriona se me acercó y me pidió que ayudara a recoger mesas y sillas que se habían puesto en la cafetería para servir el almuerzo del evento. ¿Crees que me sentí mal porque me lo pedía a mí y no a los demás? ¿Crees que me sentí menospreciado cuando él me pidió ayuda? ¡Al contrario! Lo vi como un gran privilegio. Al servir a su iglesia estaba sirviendo a mi Señor. A veces el cargo se nos sube para la cabeza y creemos que por ser pastores y líderes de iglesia no podemos servir a otros. Pero mi Señor me dejó el ejemplo que debiendo ser servido amó servir.

Un día un joven recién nombrado evangelista en su mega iglesia me contaba lo que ahora estaba viviendo. De cómo lo agasajaban al llegar a los países, y de las personas asignadas para cargarle el equipaje o simplemente el saco de su traje. Y me decía este joven, quizás con la mejor intención, pero totalmente equivocado, que había aprendido que lo que más destruye a un líder es que no le den ese trato preferencial. Traté de decirle que en realidad es a la inversa. Creo en honrar a aquellos que nos lideran por supuesto que lo creo. Pero hay una falsa honra generalizada inclusive en la iglesia que hace creer a ciertos líderes que nacieron para ser servidos y no para servir. Sin embargo, veo que el liderazgo bíblico es uno de servicio, de entrega e inclusive de padecimiento. Muchos líderes de la iglesia primitiva solo sirvieron de soporte para que sus hermanos de fe pudieran vivir una fe vibrante. ¡Cuánto han cambiado las cosas desde entonces! Los líderes que sirven están carentes y los *mandamás* abundan por doquier. Muchos que se auto denominan líderes cristianos no son más que jefes que dictan órdenes. El verdadero líder modela, abre el camino con su propio cuerpo y construye con sus acciones además de sus palabras. Y aunque hay que pagar el precio qué gratificante es. Es una de las causas de la felicidad del ser humano. Servir a otros nos hace la vida feliz.

El apóstol Pablo lo expresó muy bien cuando escribió diciendo: *"Por nuestra parte, a nadie damos motivo alguno de tropiezo, para que no se desacredite nuestro servicio. Más bien, en todo y con mucha paciencia nos acreditamos como servidores de Dios: en sufrimientos, privaciones y angustias; en azotes, cárceles y tumultos; en trabajos pesados, desvelos y hambre. Servimos con pureza, conocimiento, constancia y bondad; en el Espíritu Santo y en amor sincero; con palabras de verdad y con el poder de Dios; con armas de justicia, tanto ofensivas como defensivas; por honra y por deshonra, por mala y por buena fama; veraces, pero tenidos por engañadores; conocidos, pero tenidos por desconocidos; como moribundos, pero aún con vida; golpeados, pero no muertos; aparentemente tristes, pero siempre alegres; pobres en apariencia, pero enriqueciendo a muchos; como si no tuviéramos nada, pero poseyéndolo todo."* (2 Corintios 6: 3-10)

Una lectura rápida del párrafo anterior nos puede hacer concluir algo equivocado. Pareciera que Pablo solo está vendiendo la idea de un servicio doloroso y sin ninguna remuneración, pero en realidad lo que está tratando de decirnos es todo lo contrario. Hay unas frases en ese escrito que nos dejan saber lo que de verdad tiene en la mente el escritor cristiano cuando escribe esta porción de su carta. Expresiones tales *"como moribundos, pero aún con vida"* y también *"aparentemente tristes, pero siempre alegres"* y para rematar incluye un par de frases más increíbles: *"pobres en apariencia, pero enriqueciendo a muchos; como si no tuviéramos nada, pero poseyéndolo todo."* El apóstol está dejando bien en claro que una cosa es lo que la gente puede pensar que a él le está sucediendo y otra muy distinta lo que en realidad él está viviendo. Ellos lo ven casi sin vida, pero él sabe que está vivo y con mucha fuerza. Ellos creen que él es un hombre triste sin embargo es un hombre con una alegría profunda, duradera y nunca superficial. Ellos lo consideran un pobretón, pero él sabe que es un hombre rico, que su mayor riqueza es lo que aporta a la vida de cada persona a la que sirve con su ministerio. En realidad, muchos lo ven como alguien que no tiene nada y en realidad él lo posee todo porque su Señor, su Padre y su Dios es el dueño de todo y Pablo su heredero. De la misma forma nos sucede a todos los que nos decidimos a vivir vidas de servicio, corremos el riesgo de no ser comprendidos o de ser mal vistos. Corremos el riesgo de que muchos piensen que somos perdedores, pero en realidad somos ganadores porque siempre es mucho mejor vivir para dar que vivir para recibir. Hay una felicidad extrema en vivir una vida de servicio. Si nunca la ha experimentado solo inténtelo.

Hace poco una mujer me contaba un momento en la vida de su hija cuando la jovencita vivió la amarga experiencia de escuchar a su novio decirle que ya no quería continuar su relación con ella. La joven cayó en una depresión profunda que le estaba afectando aun su desempeño en la universidad. Su mamá pensó cómo podía ayudar a su hija y sacarla de la depresión. Y lo que hizo fue invitarla a ir juntas a un refugio para desamparados en el centro de la ciudad y servir comidas o ayudar en alguna otra necesidad del lugar. Además, otro día de la semana comenzaron a visitar un orfanato de la misma ciudad y por último se enrolaron como voluntarias en un hospital para niños enfermos. La mamá me compartía que a partir de ese momento la depresión ya no fue más parte de la vida de su hija. Fue sirviendo a otros que se sanó su alma. ¡Cuántas personas padecen de depresión crónica porque no han aprendido a mirar un poco más allá de su propio problema! La Biblia dice que Jesús por el *"gozo puesto delante de él fue que decidió padecer en la cruz"*. El profeta Isaías lo dice de forma magistral al escribir lo siguiente: *"Verá el fruto de la aflicción de su alma, y quedará satisfecho; por su conocimiento justificará mi siervo justo a muchos, y llevará las iniquidades de ellos."* (Is. 53:11) Lo que iba a ofrecer a cada ser humano, el poder que iba a conquistar, la libertad que nos iba a dar a todo el que creyera lo hizo quedar satisfecho y por eso decidió padecer en una cruz. No fue un acto de locura lo que llevó a Jesús a la cruz, tampoco fue víctima de sus detractores, sino que Él mismo decidió entregar su vida por amor a cada uno de nosotros.

No sé si el nombre de Fiona Simpson te resulta conocido, pero cuando ella solo tenía 23 años, ya convertida en una joven mamá fue sorprendida por una lluvia de granizos mientras conducía su auto acompañada de su pequeña bebé. La lluvia era tan fuerte que Fiona se vio obligada a detener su auto a un lado de la carretera. No llevaba mucho tiempo estacionada en aquel lugar cuando escuchó un estruendo muy grande, fue entonces cuando se dio cuenta que el granizo había roto el vidrio trasero y el agua comenzaba a entrar. Sin pensarlo dos veces saltó a la parte trasera del auto y se puso como un escudo humano intentando proteger a su bebé de cualquier impacto provocado por lo granizos. La mujer solo podía escuchar los gritos de su bebé, pero no podía distinguir si la bebé estaba bien o había resultado herida. Luego otra ventana se rompió en la parte delantera del auto y esta vez Fiona trató de poner parte de su cuerpo en dirección al asiento del pasajero donde su anciana abuela se encontraba sentada. Inmensas bolas de granizo golpeaban sin clemencia sobre el cuerpo de la mujer. Luego que la lluvia pasó, aunque estaba muy golpeada logró conducir su auto dañado a la casa más cercana para pedir ayuda. Su abuela recibió algunas heridas en su brazo y la bebé solo pequeños moretones. Fiona en realidad tenía el cuerpo lleno de moretones y quedó muy adolorida. Sin embargo, con una sonrisa dijo: *"Si volviera a suceder lo volvería a hacer."* Hay un deleite en servir a otros, en sacrificarse por los que amamos. No, no se puede explicar qué se siente, solo lo sabe quién lo practica. Inténtalo, atrévete a servir a otros hasta el borde del sacrificio y ya verás que la mayor recompensa que recibirás es esa inmensa dosis de satisfacción y felicidad que surge de amar sirviendo a los demás.

Hace unos días mientras estaba en el garaje de la casa donde vivimos me percaté que mi carro tenía un inmenso tornillo clavado en una de las llantas traseras. La verdad no supe la medida exacta del tornillo, pero por lo que se veía era bastante largo. Al día siguiente tuve que conducir hasta el colegio de mis hijos con la llanta dañada y así conduje un par de calles más hasta mi oficina porque tenía que terminar unos compromisos antes del mediodía. Finalmente me dirigí al taller donde siempre le dan mantenimiento a mi auto. Ese taller pertenece a una gasolinera que está en un lugar muy céntrico. El mecánico que me atendía me dijo primero que el daño de la llanta era muy grande y que sacar el tornillo sería complicado. La verdad oré en ese momento y pedí a Dios ayuda y hasta se lo dije al mecánico mientras ponía mi mano sobre su hombro. El hombre ya me había anunciado que el trabajo sería más costoso que lo habitual por lo incómodo de sacar el tornillo y el daño en la llanta. Pero después de mi oración aquel tornillo salió como si tuviera mantequilla y para sorpresa del mecánico y mía el aire de la llanta no se salía. Lo que parecía que iba a ser un trabajo más costoso de lo normal resultó costando nada. En medio de aquella situación una mujer se acercó pidiendo ayuda porque necesitaba una vasija para almacenar gasolina. Se había quedado su auto varado a unas cuantas calles de la gasolinera. En el lugar no la pudieron ayudar y la mujer se desapareció caminando. Cuando salía de aquel lugar feliz con mi milagro fui asaltado por un pensamiento: *lo que te pasó solo fue un pretexto para que estuvieras en el lugar preciso y pudieras ayudar a esa mujer.* Así que salí a buscarla y finalmente la encontré. Le dije que compraría una vasija para llenarla de gasolina y así poder socorrerla. Así lo hice mientras la mujer entre risas y lágrimas me decía por qué hacía lo que hacía. Esa fue una muy buena oportunidad para que Dios le mostrara su amor y le recordara que Él estaba cerca de ella y quería que lo conociera como realmente Él es, un Padre. Al escucharme la mujer me confesó que la amiga con la que hablaba al teléfono era una mujer de fe y le había dicho que Dios enviaría un ángel para ayudarla. Bueno ese día yo me convertí en ese ángel. La mujer quiso pagarme el costo de la vasija y la gasolina, pero no se lo acepté. Solo atiné a decirle: "Servir no tiene precio". La verdad que servir a otros no tiene precio, la alegría que produce incomodarnos y cambiar nuestra agenda por el beneficio de los demás es verdaderamente gratificante. Nuestro mundo sufre porque está hundido en el egoísmo, se nos olvida que solo es más feliz aquel que da que quien pretende vivir solo para recibir.

Quiero cerrar este capítulo compartiendo lo que la ciencia ha descubierto en relación a servir a otros. El estudio arrojó el siguiente resultado: *las personas que ofrecen ayuda, prestan atención a otros o dan algo a los demás encuentran más beneficios para su salud que aquellas que solo reciben.* El aislamiento social y el estrés aumentan la mortalidad mientras que vivir al servicio de otros es un escudo de protección para la salud y alarga la vida. El estudio descubrió que quien hace del servicio un estilo de vida debilita los efectos negativos del estrés. ¿Qué te parece? Vivimos más cuando servimos más. Cuando nos agotamos más sirviendo a los demás nuestro cuerpo lo agradece. Sencillamente el egoísmo mata, pero el servicio desinteresado remunera muy bien. Los expertos dicen que el estilo de vida de servicio aporta al menos 7 beneficios a la persona que lo practica:

- Aumenta nuestro sentido de pertenencia
- Desarrolla la humildad
- Aumenta la autoestima
- Fortalece relaciones
- Desarrolla la actitud positiva
- Nos hace conscientes del mundo que nos rodea
- Nos hace ser personas más felices que el promedio

¡Cuánto beneficio en servir a otros! ¿Pudiste leer el último beneficio? Así de sencillo: mientras más servimos a los demás, más felices somos. Sí puedes ser feliz. Dios encerró la felicidad en cada detalle que conforma nuestra vida y el servicio es uno de ellos. Ignorarlo nos lleva al fracaso y la depresión, pero practicarlo nos hará estallar de felicidad. Decide ser feliz, no postergues la oportunidad de vivir feliz cada día de tu vida. Pido a Dios te ayude querido lector a transitar el camino de la felicidad descubriendo que se puede ser feliz cada día. Que puedas desbaratar cada mito alrededor del tema de la felicidad y experimentarla a pesar de los sinsabores de la vida. Sí se puede ser feliz aun cuando se llora, sí se puede ser feliz cada día. La vida no es perfecta pero el Autor de la vida sí lo es. Decide vivir su diseño y no la distorsión del diseño. No compres la felicidad más bien trabaja por lograrla, hazla realidad. Simplemente, ¡vive feliz!

Bibliografía

International Biblie Society. (1979). Nueva Versión Internacional. East Brunswick, NJ: Sociedad Bíblica Internacional

Contacto

Email: *alexpadilla0825@gmail.com*

Text: *(305) 763 1807*

Made in the USA
Middletown, DE
07 May 2024